11인 지성들의 대한민국 진단

11인 지성들의 대한민국 진단

박경귀 지음

백년동안

차 례

머리말

인간은 불완전한 존재다. 현실에서 숱한 실수와 오류를 범하면서도 그런 역사는 반복되고 있다. 따라서 사회의 진보를 위해 우선적으로 해야 할 일은 기성세대가 축적한 지혜를 배우고 진지하게 살피는 일이다. 배움의 자리가 소중한 것은 학문적 배경이 다르고 복무 영역이 다른 이들이 서로 다른 식견으로 소통하는 기회가 만들어진다는 점이다.

지식이 넘치는 사회다. 하지만 겪어보지 못한 역경과 고난이 닥쳤을 때 이를 헤쳐 나갈 묵직한 지혜를 얻기는 쉽지 않다. 국가와 사회를 견실하게 이끌어 나아가야 갈 위치에 있는 정치 지도자, 그리고 정부 공공기관, 기업, 단체, 각종 모임의 리더에겐 세상을 바르게 볼 수 있는 경륜과 통찰이 더욱 절실해진다. 우리 사회에 지혜와 실천하는 용기를 갖춘 원로와 지성이 필요한 이유다.

격동의 현대사를 겪어 온 기성세대 가운데에는 아름다운 덕목과 지혜와 경험을 갖춘 분들이 적지 않다. 문제는 이들의 소중한 체험에서 우러나온 경륜을 겸허하게 경청하는 사회적 풍토가 만들어지지 않은 데 있다.

한국안보문제연구소의 'KINSA 아카데미'는 우리 시대 최고의 지성들의 경륜과 통찰을 진지하게 배울 수 있는 흔치 않은 경연(經筵)의 마당이다. 외교, 안보, 통일, 경제 분야 등 우리 사회 핵심 분야의 이슈와 현안을 진단하고 새로운 관점과 해법을 모색하는 자리이기도 하다. 매회 20여명이 모이는 작은 모임이지만 강사와 청중의 중량감과 진지한 열정만큼은 그 어느 곳보다 무겁고 뜨겁다.

청중들은 현역 장성, 통일·외교·안보 부처의 고위 공직자, 유수 언론의 논설위원 및 중견 기자, 학계 및 연구계 학자와 기업의 CEO 등 다양한 영역에서 국가 사회의 동력을 만들어 나가는 선별된 인재들이다. 모임의 규모는 작지만 의미가 큰 이유다.

사회 각 분야의 중견 리더들이 모여서 원로 및 최고 지성들의 지혜와 경험을 듣고 토론하며 체득하는 이런 연찬의 풍토는 더 없이 소중하다. 지식과 지혜의 전수가 이루어지는 것은 물론 문제의 본질을 제대로 파악하고 세상을 보는 넓은 안목을 기를 수 있기 때문이다. 특히 국가 사회의 중요한 직위에서 각자 맡은 소임이 가볍지 않음을 고려할 때 여기서 습득하는 각성과 통찰은 국가 사회의 발전에 긍정적으로 영향을 미치리라고 여겨진다.

더 중요한 것은 우리 사회를 작동시키는 원천 동력인 사회 구성원의 인식과 각성이다. 국민들의 사회 현안에 대한 사고방식과 지향, 정책 선호는 그 사회의 갈등과 문제를 해결하는 데 결정적인 영향을 미친다. 일반 국민 모두가 공감하고 공유하는 가치가 있다면 바로 그것이 시대정신이다. 지성들의 통찰과 경륜이 시대정신을 일깨우는 단초가 될 수 있다면 그보다 더 바람직한 일은 없다.

하지만 초청 지성들의 열강에서 배우는 지혜와 통찰을 일반 국민에게 공유하고 널리 알리지 못하고 있다는 점이 늘 아쉬웠다. 이에 필자는 2012년부터 2013년까지 새로운 초청자를 모실 때마다 빠지지 않고 청강하면서 강의 내용을 메모하였다가 필자의 생각을 가미하여 나름대로의 강의 평설을 써서 수강생들을 중심으로 주변에 공유해왔다. 이 메모를 더 널리 공유하고 싶은 필자의 소망이 책으로 엮는 용기를 주었다.

강의 평설은 강의의 핵심 내용을 정확히 포착하여 전달하는 것을 목적으로 했다. 하지만 필자의 학식이 불비하여 각 분야 최고의 위치에서 경륜과 식견을 쌓은 지성들의 고담준론(高談峻論)을 제대로 녹여냈는지 걱정이 앞선다. 독자들이 혜량하여 필자가 포착하지 못한 행간까지 읽어 주시길 바랄 뿐이다.

한 분 한 분의 강연자 모두 각 주제에 대해 심도 있는 진단과 식견을 보여주었다. 노재봉 전 총리는 근대 국가의 본질을 정확히 꿰뚫어 보면서 자유통일을 통해 미완의 근대 국가 대한민국을 완성할 비전을 제시했다. 김희상 이사장 역시 국방 전략에 대한 남다른 혜안을 나누어 주었다.

한승주 전 주미 대사, 정종욱 전 주중대사는 학계와 외교계를 섭렵한 경륜으로 한반도를 둘러싼 강대국들과의 정치, 경제, 군사적인 역학 관계를 정확히 진단하고 한국이 취해야할 대응 전략을 제시했다. 조윤제 전 경제보좌관은 세계 경제 위기의 근원을 분석하면서 한국 경제의 부활을 위한 전략을 내놓았다. 현직 대사인 성 김 주한 미국 대사와 브누코프 주한 러시아 대사는 직업 외교관답게 한국의 외교 현안에 대한 깊은 이해를 바탕으로 국가 간의 협력 파트너십을 강조했다.

과학기술 분야의 국가적 과제를 제시한 정길생 원장, 이순신 장군의 구국 리더십을 설파한 김종대 전 헌법재판관, 자유민주주의의 소중함을 일깨워 준 조갑제 대표의 강연 또한 새겨야 할 대목이 풍성하다. 6.25전쟁과 월남전의 산증인이자 영웅이던 채명신 장군이 노심초사 국가안위를 걱정하며 '내부의 적을 경계하라.'고 강조했던 강연은 끝내 고별 강연이 된 점이 못내 가슴 아프다.

필자는 이 시대 최고 지성들의 육성 강연을 듣고 배울 수 있었던 기회를 큰 행운으로 생각한다. 아카데미를 마련한 김희상 한국안보문제연구소 이사장님, 권행근 소장님, 김안국 사무국장님과 아카데미를 후원한 의로운 분들께 깊은 감사를 드린다. 이 작은 책을 통해 사회지도층은 물론 많은 국민들이 우리 사회의 제반 현안에 대한 폭넓은 이해와 통찰력을 갖게 되어 사회의 안정과 발전에 조금이나마 도움이 된다면 더 바랄 것이 없겠다. 이 책을 최고의 지성으로 귀한 가르침을 준 초청 강연자 모두에게 헌정한다.

2014년 7월

한국정책평가연구원 연구실에서 박경귀

1장

대한민국의
현실과 당면과제

- 전 국무총리 노재봉

노재봉 전 국무총리, 78세의 연세에도 매일 책을 읽으며 스스로 '만학도'라며 겸손해하는 노학자의 모습이 아름답다. 저 연령이 되어서도 지식과 지혜를 쉼 없이 갈고 닦으며, 후학과 세상을 향해 열정적인 고언을 하기는 쉽지 않다.

그의 강의 제목은 '국가론'이었다. 한국안보문제연구소 아카데미에서 이뤄지는 강의 주제가 주로 나라를 굳건히 세우기 위한 지성들의 고민과 통찰이 담긴 내용들이긴 하다. 하지만 특히 노 전 총리의 강의 제목만으로도 그가 그리는 바람직한 국가의 모습에 대한 식견과 경륜이 묵직하게 다가온다. 그는 차분하게 대한민국의 현실을 진단하고 국가 발전을 위한 당면과제를 제시했다.

노 전 총리는 '대한민국'이라는 한 국가의 모습을 진단하기 위해 멀리 거슬러 올라가 근대국가의 태동과정과 국가의 양태를 해설하면서 '국가'의 의미부터 정의했다. 그는 현대 국가의 기원을 '민족국가(nation state)'에서 찾는다. 민족국가적 양태가 탄생하게 된 것은 그리 오래되지 않았다.

민족국가와 근대국가의 태동 과정

1648년 유럽 열강 간에 베스트팔렌 조약(Peace of Westfalen)이 체결됨에 따라 각국의 영토가 확정되고 국가의 배타적 권리가 인정되면서 '민족국가'가 태동한다. 주권 국가들의 공동체인 근대 유럽의 정치구조가 마련된 것이다. 이런 민족국가는 국내적으로는 초월적 권력을 갖게 되고 국제적으로는 외적의 침입에 대한 정당한 방어권을 갖게 되었다.

민족국가는 군주의 권력을 약화시키는 한편 권력의 세속화를 더욱 촉진시켰다. 여기에는 산업혁명(industrial revolution)과 민주혁명(democratic revolution)이 중요 요인으로 작용했다고 한다. 영국에서 시작된 산업혁명은 국가 경제의 변혁을 가져와 당대의 생활양식과 권력기반의 변화를 촉진시켰다. 1789년 프랑스 대혁명으로 대변되는 민주혁명은 봉건적 앙시앙 레짐(ancien régime, 구체제)의 모순을 타파하려는 개혁적 사상을 유럽의 여러 국가들에 확산시켰다.

노 전 총리는 산업혁명과 민주혁명의 이러한 결합적 영향이 이전의 국가들과는 차별화된 새로운 국가 양태를 만들어냈다고 말한다. 즉 '근대성(modernity)'의 획득이다. 자본주의에 의한 시장경제원리와 자유, 평등, 박애의 보편적 가치가 국가의 중요한 작동원리로 운용

되는 국가가 바로 '근대국가'라는 것이다.

그가 주목하는 것은 결과로서의 근대국가 자체가 아니다. 중요한 것은 유럽인들이 봉건국가체제를 극복하고 근대국가를 형성하는 험난한 과정과 그 과정을 통해 체득하게 되는 바람직한 '근대성'의 핵심 유전자들이다.

노 전 총리는 유럽의 근대국가는 '수백 년 동안 왕과 신민(臣民)이 투쟁한 산물'임을 상기시킨다. 그런 과정은 '정치공동체에 공헌하지 않은 사람은 정치주체가 될 수 없다.'는 사회적 인식을 만들어 냈고 그런 시대적 요구에 부합하는 행태를 가진 '시민(citizen)' 계급이 비로소 탄생할 수 있었다는 것이다.

결국 단두대의 이슬로 사라져야 했지만, 프랑스 혁명 직후 루이 16세(Louis XVI, 1754~1793)가 절대왕권을 내려놓고 "프랑스의 왕이 아니라 프랑스 사람의 왕이다."라며 민중에 고개를 숙인 것도 민중이 권리를 쟁취해 가는 과정의 단면을 상징적으로 보여준다.

프랑스 대혁명에 이어 나폴레옹(Napoleon I, 1769~1821)의 혁명이 유럽을 휩쓸면서 각국에 민족주의를 불러일으켰다. 혁명의 가치들이 근대적 자아를 일깨워 시민들의 권리와 의무를 자각시키는 가운데 인간의 감성과 의지가 개입되면서 민족주의가 형성되게 되었다는 것이다.

자기 나라의 문화에 대한 자부심이 바탕이 되어 '정감의 공동체'로 통합하려는 구심력이 바로 민족주의의 양태로 나타나게 된 것이다. 독일의 사상가 헤르더(Johann Gottfried Herder, 1744~1803), '독일국민에게 고함' 이란 강연을 한 피히테(Johann Gottlieb Fichte, 1762~1814) 등에 의해 주도된 낭만적 민족주의가 대표적이다.

한반도의 분화된 민족주의

노 전 총리는 유럽의 '근대성'의 획득 과정에서 중요한 과실은 시민 공동체 의식의 형성과 시민의 권리·의무에 대한 지각이었다고 말한다. 하지만 우리는 고려시대, 조선시대를 내려오는 동안 '민족'이란 관념을 갖지 못했고 3.1운동을 계기로 비로소 민족주의적 인식에 눈을 뜨게 됐다. 근대국가의 가치를 제대로 체득할 여유가 없었다고 진단하는 것이다.

피를 흘린 민주혁명을 통해 서구가 얻은 근대국가의 가치들을 대한민국은 일제 식민지에서 해방됨과 동시에 넝쿨째 품에 안은 형국이 되었다. 우리 대한민국도 자유주의적 민족주의(liberal nationalism)로 출발했지만 서구와 같이 희생을 통하여 쟁취한 것은 아니었다.

우리의 손쉬운 출발은 누군가의 질시를 받은 듯 착근과정부터 비극적 난관에 맞닥뜨리게 된다. 해방을 겪으면서 이질적 집단인 북한이 등장하여 나라가 서로 갈라진 것이다. 노 전 총리는 민족국가로서의 '정체성' '동질성' '정감의 세계' 수준에서 공통점이 부재한 별개의 정치집단이 남북한에 만들어진 상황을 가슴 아파했다.

북한의 등장은 민족주의의 변태적 분화를 만들어 냈다. 북한에게 있어 민족은 '핏줄과 언어, 령토와 문화의 공통성에 기초하여 력사적으로 형성된 사회생활단위이며 사람들의 공고한 집단(『철학사전』 1985)'으로 규정된다. 그들은 70년대 이후 '우리민족 제일주의'를 내세우기 시작하여 1990년대 동구권 사회주의 몰락의 상황과 맞물려 '혁명과 건설을 자주적으로 해 나가야 한다는 투철한 민족자주정신'으로서의 '우리민족 제일주의'를 더욱 강조하게 된다.

특히 1994년 이후 내세운 '김일성 민족' '태양민족'은 우리 한민족 전체를 포괄하지 않고 '조선민주주의인민공화국'에 한정한다고 볼 때 대한민국과의 거리감은 더욱 벌어지게 된다. 정통의 근대적 민족주의에서 이탈한 기형적 민족주의로 흘렀기 때문이다. 이들에게 민족주의는 세계화와 신자유주의의 공세에 대한 저항적 수단이기도 하다.

민족주의를 '부르주아 이데올로기'로 비판하며 경원시하던 이들이 아이러니하게도 동구권의 몰락 이후 기형적인 민족주의를 차용하게 되었다.

노 전 총리는 이렇듯 이질화가 심화된 상황이 남북한 통일을 더욱 힘들게 만든다고 보았다. 헌법적으로 하나의 국가이지만 현실적으로 두 개의 국가가 존재하는 현실에서 우리가 추구하는 자유주의적 민족주의가 북한에 적용될 여지가 없다는 점에서 현실적으로 흡수 통합 외에는 통일의 대안이 없다고 말한다.

더 큰 문제는 현실과 감정 사이의 괴리다. 예를 들어 탈북자를 바라보는 이중적 시선이 그러하다. 우리 국민에게 그들은 감정적으로는, 그리고 헌법적으로는 내국인이지만 현실적으로는 외국인이다. 이렇듯 민족주의에 대한 이중적 인식이 통일정책 추구의 토대일 수밖에 없는 역설적 현실이 근대국가의 완성, 민족국가의 완성이라는 우리에게 부과된 엄중한 과제를 어렵게 만드는 것이다.

특히 북한은 주민들에게는 '김일성 민족'으로서의 폐쇄적 민족자주정신을 강요하면서 한편으로 한국인들에 대해서 '하나의 민족'이라는 감상적 민족주의를 자극한다. 북한에 대한 경계심을 해제하려는 이중적이고 공작적인 행태다.

그러면서도 체제 존속과 김씨 세습권력의 정당성을 고수하기 위한 주장을 계속하고 있다. 문제는 남한의 청춘세대들이 통일에 관심이 없고 북한체제의 속성을 제대로 인식하지 못해 북한의 감상적 민족주의 주장에 쉽게 동조할 수 있다는 점이다.

북한정권의 전략과 대응 방향

노 전 총리는 국가권력을 유지하기 위한 체제를 국제정치학적 측면에서 3가지로 구분하며 북한체제의 속성과 그들이 지향하는 통일외교정책의 숨은 전략을 간파해낸다. 첫째는 관료주의적 국가체제다. 이는 안정적으로 주어진 정치 환경과 권력구조에 입각해서 외교정책을 펼치는 체제다. 이는 주로 서구의 안정적 사회에 적합한 유형이다.

둘째는 이데올로기적 체제다. 이는 체제혁명의 논리에 따른 외교정책을 추구하는 체제로 볼셰비키(Bolsheviki) 혁명을 추동하여 전 세계에 공산주의의 이념을 수출하려던 레닌 혁명정부의 노선과 부합된다.

셋째는 카리스마적 혁명주의 체제다. 이는 정통의 공산주의 이념체제에서도 크게 벗어난 변형적 체제로 관료주의적, 이데올로기적 체제를 전부 부정한다. 오로지 김일성 개인의 카리스마에 의한 영도

체제를 수립한 북한이 이에 해당한다. 이런 북한체제가 추구하는 통일외교정책의 핵심에는 반미주의와 주체사상에 의한 통일이 자리하고 있다.

따라서 이들 외교정책의 불변적 우선순위(priority)의 첫 번째는 당연히 '혁명'이라는 것이다. 북한주민을 주체사상과 선군사상이라는 혁명의 올가미에 가두고 남한에 대해 지속적으로 적개심을 고취하며 끝내 적화하려는 것이 이들의 최우선 정책이다.

그럼에도 남한이나 미국은 "북한이 생존을 위해 경제를 최우선 과제로 꼽고 있으리라."고 착각하고 있다는 것이다. 북한은 국제정치를 잘 활용하면 대한민국과 미국 등 서방세계로부터 경제지원은 얼마든지 얻어낼 수 있다고 믿고 있다. 최우선 타도대상인 미국이 실질적으론 북한의 최대 원조국이라는 역설적 현실이 이를 증명해 준다. 이렇듯 북한이 생각하는 자국 경제 문제의 해법은 우리의 허를 찌른다. 단순하고 명쾌하다.

노 전 총리는 이러한 프라이어리티(priority)에 대한 착각이 정책의 오류를 낳는다고 말한다. 햇볕정책도 북한의 이러한 치밀한 계산의 희생물인 셈이다. 따라서 막상 북한의 정책 우선순위에서 뒷전에 있는 경제 문제를 강조하면서 "우리가 경제적 지원을 통해 남북화해협력을 증진시키고 평화통일의 길로 다가갈 수 있다."고 믿는다면 이는 크나큰 오산이 아닐 수 없다.

그는 남북한 관계를 '실존적 투쟁관계'라고 냉정하게 규정한다. 남한과 북한의 생존을 건 제로섬 게임에서 북한이 구사하는 전략은 세 가지라고 말한다. 첫째, 북한 정권이 '약하다.'는 이미지를 심어주는 것이다. 이는 북한에 대한 남한의 이념적 무장과 경계심을 해제하기 위한 것이다. 대한민국 사회와 세계인의 동정심을 유발하기 위한 읍소전략이다. 이는 우리 사회의 국론을 분열시키며 실효적으로 먹혀드는 전략이기도 하다.

둘째, 전혀 상반된 전략으로서 '강하다.'는 이미지 메이킹(image making)을 하는 것이다. 선군정치를 앞세워 허약한 북한 사회체제를 감추고 핵무기와 장거리 미사일 개발에 몰두함으로써 강한 군사력을 과시하여 남한과 미국을 협박하는 전략이다.

셋째, '미친 척' 하는 전략이다. 한마디로 손자병법의 36계(計) 중 27계에 해당하는 '가치부전(假痴不癲)' 전략인 셈이다. 북한은 시기와 상황에 따라 '약한 척' 또는 '강한 척' 하는 전술을 종잡을 수 없이 조합해 활용하는 착란적(錯亂的) 전략을 구사한다.

노 전 총리는 북한의 이런 숨은 전략을 간파하는 게 중요하다고 역설한다. 북한에게 정상국가적 행태를 기대하는 것 자체가 무리이기 때문이다. 그들과 아무리 강력한 합의와 협약을 맺어도 언제든지 그 약속이 지켜지지 않을 수 있다는 점에서 정상적 통일외교정책을 통한 접근방식은 한계가 있다는 것이다. 결국 북한의 '레짐 체인지(Regime Change, 체제전환)'가 불가피하다고 말한다.

물론 '레짐 체인지'를 촉발하기 위한 유효한 방법이 마땅치는 않다. 또 북한의 반발로 인해 한반도에 급격한 정세변화를 초래할 수 있어서 실제로 실행에 옮기기는 쉽지 않아 보인다.

하지만 북한은 핵무장을 강행하여 주변 안보상황을 악화시키고 있는 상황이다. 여기에 대해 우리보다 더 민감하게 반응하고 있는 일본에게도 북한의 '레짐 체인지'는 배제할 수 없는 숨은 카드 중의 하나일 듯싶다.

이와 관련하여 미국의 레이건(Ronald Wilson Reagan, 1911~2004) 행정부가 소련을 붕괴시킨 성공사례에도 관심이 간다. 이제 우리 정부도 '현상유지' 정책에 매달려 '레짐 체인지'를 무조건 금기시하지 말고, 이를 연착륙시킬 방법을 고민해 보는 것도 필요하다.

미완의 근대국가, 국가 개조의 과제

노 전 총리는 남북한의 통일이 이루어져야 실질적인 근대국가의 완성이 이루어질 수 있다고 보는 것 같다. 이런 상황에서 우리를 더욱 힘들게 하는 것은 세계화의 밀물이다. 세계화는 불가피하게 소득격차로 인한 양극화와 경제의 불공정성, 형평성의 문제를 야기한다는 것이다.

그는 세계화가 추동하는 획일화, 통합에 대한 반발로 다양성을 추구하면서 자국의 특수한 정치 경제적 주권을 강화하려는 분리현상도 작용하는 등 세계 각국의 정치 경제 상황이 카오스적이라고 진단한다.

그는 이런 가운데 한국은 미완의 민족국가를 완성하고 세계화의 격랑 속에서 근대국가마저 완성해야 하는 양대 과제에 직면하고 있다고 통찰해 낸다. 이런 과제 달성을 더욱 위협하는 게 바로 북한의 끊임없는 군사적 도발 전략이라는 것이다. 북한은 통상적 전쟁, 핵전략, 게릴라 전술 등 3가지 군사적 전략 노선을 활용해 왔는데 최근에는 게릴라 전술에 의한 테러 자행의 가능성도 높다는 것이다.

우리가 대비해야 할 현실적 과제는 또 있다. 점증하는 복지욕구에 대한 대응이다. 서구의 경우 19세기 후반 독일의 비스마르크(Otto Eduard Leopold von Bismarck, 1815~1898)에 의해 세계 최초의 사회보험제도들이 도입되었다. 20세기 중반부터 영국을 중심으로 사회복지제도의 기반이 마련되고 오랜 기간에 걸쳐 사회민주적 복지정책이

수정·보완되어 왔다.

반면에 우리나라의 경우 정부수립과 함께 헌법에 민족주의와 사회주의가 혼합된 형태의 사회복지 개념이 담기고 농지개혁 등과 같은 사회주의적 정책이 시행되기도 했다. 하지만 산업화 추진과정에서 복지는 소극적으로만 유지되어 오다가 결국 80년대 들어서야 전국민을 대상으로 의료보험 제도가 시행되었다.

노 전 총리는 80년대 이후부터 사회복지정책이 점진적으로 확대되어 왔지만, 국민들의 분출하는 복지욕구에 상당히 미흡하여 사회복지의 전반적인 수준 제고가 시급하다고 진단한다. 이제 복지의 문제는 피할 수 없다는 것이다. 이를 위해 우리 정부 운용의 전반적 개혁이 필요하다고 역설한다.

그가 제시하는 개혁과제는 다섯 가지로 요약할 수 있다. 첫째, 예산시스템의 개혁이다. 현재의 개발연대 식 예산체계로는 엄청난 복지 수요를 충당할 재원을 마련하기 어렵다는 것이다. 예산집행 역량이 부족한 것은 물론 복지전달 체계에서 비효율적인 측면도 많다고 지적한다. 예산 낭비 요인과 부패 소지를 차단하지 않은 채 복지예산만 증액해서 늘어난 복지 요구에 대처하기는 어렵다는 것이다.

둘째, 세계화 체계에 대응할 수 있는 교육체계의 정립이다. 과다한 사교육비를 수반하는 현재의 교육체계를 개선하고 세계와 경쟁해서 이길 수 있는 전문기술인력 양성체계의 구축이 절실하다고 말한다. 아울러 실용성이 떨어지는 학과를 조정하는 등 획기적 수준의 부실대학 구조조정을 주문한다.

셋째, 대기업 집단의 개혁이다. 수많은 연관기업들이 모기업에 지나치게 수직계열화되어 있어 중소기업의 창의적 성장을 저해하는 요소가 많은 만큼, 시장원리를 존중하면서도 중소기업과 공생할 수 있는 기업환경을 조성해야 한다는 것이다.

넷째, 정부 역할의 재규정(redetermination)이 필요하다고 강조한다. 정부 조직의 기능을 시대변화에 맞게 규제(regulation) 중심 조직에서 서비스 중심 조직으로 재규정할 필요가 있다는 것이다. 과도한 규제가 구조화될 경우 실질적으로 약탈 국가적 모습으로 기능할 수 있음을 경계했다.

다섯 번째, 창의적 국가 모델을 창조하자고 역설한다. 노 전 총리는 요즘 우리 사회가 지나치게 화려한 소비문화에 물들어 명품과 유행에 민감해 하면서 자신의 정체성과 자아를 잊어버리는 세태가 되었다고 개탄한다.

자기 자신의 확고한 주관에 의한 것이 아니라 '주변의 영향을 받은 상태의 나'를 '나'로 인식하는 사회라는 것이다. 이런 사회에서는 '반사적 정체성'(reflective identity)만 두드러진다.

내발적(內發的) 주관이 결여된 이런 인간형은 외부의 변화와 충격에 대한 대응력이 부족하고 위기와 고난에 취약해진다. 난관에 부딪히면 쉽게 자살을 선택하기도 하고, 자신의 권리를 주장하면서도 의무와 책임은 부정하는 모순된 행태를 보이기도 한다. 이런 현상들이 사회적 갈등을 야기하는 근인(根因)이 된다는 것이다.

세계적 관점에서 보아도 요즘은 확실하게 본받을 만한 준거국가(reference nation), 준거사회(reference society)가 없다. 결국 우리는 창의적 국가 모델의 창조가 필연적이라고, 노 전 총리는 강조한다.

영웅적 리더십을 기다리며

그는 이런 혼란스런 시대를 헤쳐 나가기 위해서는 지식인의 역할이 중요한데 영감을 가진 걸출한 지성인이 없음을 안타까워한다. 특히 세계화, 자유주의, 민족주의 등이 복잡하게 얽혀 만들어내는 카오스적 상황을 극복하기 위해서 총합적인 새로운 철학과 이론이 요구되는 상황이라는 것이다. 그야말로 메시아적 대사상가의 출현을 그 역시 갈구하고 있는 듯하다.

노 전 총리가 진단하는 한국은 미완의 근대국가와 민족국가의 모습이다. 국민들도 자유민주주의 가치의 바람직한 행태를 제대로 익히지 못했다. 이런 상황에서 우리는 한반도 통일을 통해 제대로 된 민족국가를 완성하고, 나아가 세계화의 파고를 넘어 국민들의 다양한 욕구를 해결해야 하는 이중 삼중의 과제를 떠안고 있다.

그는 이런 현상과 과제를 냉철하게 읽어내고 국가적 혁신을 역설하고 있다. 그가 강조하는 다섯 가지의 정부혁신과제는 구조적이고 복잡한 문제가 얽혀 있어 어느 것 하나 쉽게 해결하거나 추진하기 어려운 문제들이다.

이런 측면에서 그의 주장은 가히 국가개조론적(國家改造論的) 주장이다. 정교한 각론이 마련되지 않으면 실현되기 어려운 주제들이다. 대한민국의 건국은 아직 끝나지 않은 혁명이다. 그래서 그가 통찰해낸 과제를 실현시켜 줄 영웅적 리더십이 우리 사회에 더욱 절실히 필요해지는지도 모른다.

이 강연은 2012년 4월 23일에 열렸다. 노재봉은 1936년 2월 8일 경남 마산에서 태어났고, 뉴욕대학교에서 정치학 박사학위를 받았다. 서울대학교 교수를 거쳐, 제14대 국회의원(1992~1995), 제22대 국무총리(1991)를 역임했다. 2009년에는 서울디지털대학교 총장을 맡기도 했다. 노 전 총리는 대북한 전략을 제시하면서 한반도 자유통일을 대비하기 위한 전방위적 국가혁신의 아젠다를 제안하고 있다.

2장

경제위기 리스크 관리가 우선이다

- 전 청와대 경제보좌관 조윤제

2008년 금융위기로부터 시작된 세계경제의 침체가 좀처럼 회복되지 않고 있다. 미국이 어느 정도 회복세에 오르자 풍선효과처럼 경기침체의 먹구름이 유럽을 덮고 있고 남유럽의 PIGS(포르투갈, 이탈리아, 그리스, 스페인) 국가의 부도위기가 계속되고 있다. 이러한 세계경제의 위기 국면을 정확히 이해하는 일은 한국경제의 활로를 모색하는데 요긴한 길라잡이가 될 수 있을 듯하다.

때마침 2012년 3월 12일 한국안보문제연구소 아카데미에서 서강대 조윤제 교수가 '세계경제 환경과 한국'을 주제로 강의했다. 그는 두 시간 남짓 진행된 강의와 토론에서 세계경제 위기의 요인과 침체의 실태를 분석하고 미래의 전망을 내놓았다. 특히 그는 노무현 대통령 당시 경제보좌관과 영국 대사를 역임한 경륜과 안목, 경제학자로서의 전문성을 바탕으로 우리 사회의 각종 지표를 통해 한국경제의 현주소를 진단하고, 경기 회복을 위한 전망과 대안을 개진했다(경기침체를 벗어나지 못하고 있는 세계경제와 한국경제의 상황에서 조 교수의 진단과 대안은 여전히 유효하다).

세계 경제의 위기의 요인

조윤제 교수는 세계 경제를 위기로 몰아넣고 있는 문제 요인을 4가지로 꼽았다. 첫째, 제도의 위기이다. 그는 국제 경제 제도상의 문제를 극명하게 보여주는 예로 유럽을 든다. 세계화 이후 시장의 국경은 사라졌으나, 정치제도와 주권은 엄격하게 국경에 국한됨으로써 빚어지는 제도적 충돌이 경제 위기를 초래하는 원인이 되고 있다는 것이다.

다시 말해 유럽은 유로화로 통화 단일화를 이루었지만 각 국가의 재정적 통합이 이루어진 것은 아니어서 경기 침체에 대해서 효과적으로 재정 정책적 대응을 하기가 어렵다는 것이다. 돈은 단일화할 수 있지만 각 국가마다 역사성을 갖고 있는 주권을 통합하기는 쉽지 않은 일이기 때문이다.

이런 제도적 모순이 발생하는 건 어찌 보면 당연하다. 한번 생각해 보자. 단일통화가 제대로 유통되려면 유통구역 내에서 상품과 생산요소(자본, 노동)의 자유로운 이동이 전제되어야 한다. 하지만 유로존(Eurozone) 국가 간의 현실은 그렇지 못하다.

오히려 유로존 국가 간에도 높은 인플레이션을 겪는 남유럽과 비교적 안정적인 북유럽 국가 사이에 경상수지의 불균형이 심화되었다. 결국 이런 불균형을 해소할 통합적 재정 수단이 없는 상태에서는 유로존 전체의 경제 불안과 불확실성이 지속될 수밖에 없다.

문제는 이런 제도적 문제를 해결할 대안이 마땅치 않다는 데 있다. 유로존의 경우 단일통화정책을 적용받지만 개별 국가마다 다른 재정정책을 집행하는 구조다. 결국 '재정적, 정치적 통합이 결여된 통화통합(monetary union without fiscal/political union)'에서 오는 구조적 한계를 안고 있다. 따라서 유로존 국가 간의 재정통합으로 나가든지 아니면 유로존 미가입 상태의 과거로 돌아가는 양자택일의 상황에 직면하고 있다는 것이다.

세계경제의 불안을 가중시키는 또 하나의 제도적 문제는 '달러'가 세계 유일의 단일 기축통화(key currency) 역할을 하면서 파생된다. 미국의 통화인 달러가 국제통화로 국제거래의 결제 수단이 되면서 미국의 재정, 금융정책에 대한 세계 경제의 의존도가 높아질 수밖에 없다는 것이다.

금융안전망이 취약한 상황에서는 미국에서 시작된 금융위기가 미국 경제를 넘어 유럽과 전 세계에 쉽게 전이(轉移)된다. 결국 무한정한 달러 발권력을 갖고 있는 미국을 제외한 모든 나라들은 금융위기 대응책으로서 '달러'의 보유고를 체크하지 않을 수 없다. 금융위기의 본질은 쉽게 말해 달러의 예금 지불 능력이 고갈될 때 오는 현상이기 때문이다. 한국도 1998년 외환위기를 혹독하게 겪어보지 않았던가?

조 교수는 남유럽 국가들의 국가부도 위기 이후, 유로화 발권력을 가진 유럽중앙은행(ECB, European Central Bank)이 유로존 국채의 매입과 유럽은행들에 대한 장기대출을 통해 양적완화 정책을 펴고 있어 유럽 경제가 우선 돌아가고는 있지만 근본적인 처방은 아니라고 진단한다.

유동성이 좋아지는 반면에 인플레이션의 위험도 높아지고 유로존 전체의 거시적 경제 환경을 호전시키기 위한 재정정책의 일관된 집행이 뒤따르기 어렵다는 것 때문이다. 더구나 세계 금융위기에 대한 대응도 시장의 발전을 수용할 수 있는 제도적 보완보다는 금융 감독과 자본 규제의 강화에 초점을 맞추는 데 급급할 뿐 뚜렷한 해법을 내놓고 있지 못하기 때문에 경제 불안 요인은 여전하다는 것이다.

두 번째 세계 경제의 문제는 재정위기다. 조 교수는 금융위기가 재정위기로 전이되면서 세계 경제의 문제를 더 심각하게 만들고 있다고 진단한다. 금융위기 해소를 위해 유동성을 확대하다 보니 불가피하게 재정이 확대된다. 하지만 시장의 수용성 한계로 수요창출로 이어지는 재정은 제한적일 수밖에 없고 오히려 국가부채만 확대시켰다는 것이다.

더구나 저금리 상태에서 돈이 많이 풀리다 보니 기업이나 가계가 부채 상환, 즉 디레버리지(deleverage)의 속도마저 늦추는 경향이 발생했다는 것이다. 결국 재정확대 정책이 경제 활성화의 선순환 구조를 만드는 모티브로 작동되지 못했다는 이야기다.

세계적 경제위기의 세 번째 문제로 조 교수는 신뢰의 위기를 꼽았다. 과거 세계 경제의 신뢰의 위기는 주로 개도국 정책에 기인한 것이었다. 하지만 현재는 세계경제의 절반을 차지하는 미국과 유럽의 정책에서 비롯되었다는 것이다. 특히 선진국 정치 리더십과 자본주의의 한계와도 연계된다고 조 교수는 바라본다.

미국 연방준비위원회(FRB: Federal Reserve Board)의 전 의장인 앨런 그린스펀(Alan Greenspan)은 미국 금융위기에 대해 "신용시장의 붕괴와 경기침체를 예상하지 못했고, 시장의 자율 조절기능에 대한 과신도 오류였다."고 인정한 바 있다. 조 교수의 시각과도 맥락이 닿는다.

조 교수는 네 번째 문제로 구조조정의 지연을 들었다. 한국은 1997년 외환위기를, 미국과 유럽은 2008년 금융위기를 겪으면서 금융부문과 경제 전반의 건전성 제고를 위한 구조조정이 철저하게 진행되었어야 했다. 하지만 구조조정은 미완에 그쳤고 결국 세계 경제의 문제로 남게 되었다는 것이다.

세계 경제의 전망

조 교수가 보여주는 세계 경제의 기상도는 먹구름은 아니지만 매우 짙은 구름이 덮인 상태로 표현될 수 있다. 불확실성과 불투명성이 매우 높기 때문이다. 불확실성의 3대 축은 미국 경기 침체의 지속 가능성, 유럽 재정위기의 지속, 중국의 인플레와 지방정부 대출 부실의 심화 가능성이다.

조 교수는 먼저 미국 경제의 침체가 상당기간 지속될 것으로 전망했다. 제로 금리 하에서 신용경색이 지속되고 있고 가계 소비가 감소하며 가계, 기업 부채의 디레버리징(deleveraging, 부채 축소)이 지속되고 있는 상황을 증거로 들었다.

특히 경기 회복 양상을 보이면서도 일자리 증가나 임금 인상이 없는 기형적 상황이 우려된다는 것이다. 이런 상황이다 보니 미국 당국도 당시 경제성장률 전망을 1.8%로 하향했다고 한다. 물론 더블딥(double dip, 이중 침체)의 가능성은 높지 않으나 경기회복의 전망도 불투명하다는 것이다.

유럽의 경우도 마찬가지다. 유럽중앙은행(ECB)의 재무 건전성이 악화되고 있고 근본적으로 "단일통화정책의 한계를 극복하기 위해 재정통합(fiscal union)을 추진할 것인가, 아니면 디폴트(Default, 채무불

이행) 위험 국가들을 유로존에서 탈퇴시킬 것인가?"에 대한 선택의 기로에 서 있을 만큼 경제 상황이 심각하다는 것이다.

게다가 프랑스, 독일, 이탈리아 등의 재정 건전성도 악화되고 있고 국가채무도 심각할 정도로 증가하고 있다는 것이다. 이에 따라 유로존의 경제성장률도 마이너스로 하락할 가능성이 높다고 전망했다.

한편 그동안 10%를 상회하는 고도성장을 구가해온 중국도 투자 신장세가 둔화되고 대 선진국 수출이 둔화되면서 성장세가 둔화될 것으로 예측했다.

그 요인으로는 2008~2010년 사이 과도한 재정 팽창으로 인해 인플레이션 압력이 높아졌고 여기에 도시 주택가격의 하락, 지방정부에 대한 대출의 부실화 증가 등이 가세하고 있다. 하지만 조 교수는 중국이 2008~2011년은 힘들었지만 일정 부문 세계경제의 동력 역할을 지속할 것으로 보았다.

아울러 조 교수는 중국의 부동산 거품과 과잉 투자(GDP의 48%에 달한다. 미국은 14%, 일본은 20%에 불과)에 따른 기업부실과 구조조정의 가능성, 임금 및 소득 격차의 확대에 따른 사회안전망의 취약성, 고령화의 빠른 진행, 악화되는 환경문제 등이 중국 경제의 잠재적 문제가 되고 있다고 진단한다.

세계 경제위기 극복의 해법은?

지금까지 살펴본 세계 경제의 문제 양상과 위기 원인들이 워낙 복합적이고 구조적이어서 누구라도 쉽게 향후 세계 경제의 위기극복의 해법을 명확하게 내놓기는 어려울 듯싶다. 조윤제 교수 역시 여러 경제학자들의 고민과 유사한 전망은 하지만, 세계 경제를 살리기 위한 특단의 솔루션을 내놓지는 않는다.

그 대신 조 교수는 로고프와 레인하르트(Rogoff & Reinhart, 2010)의 세계 경제 실태에 대한 진단 내용을 소개함으로써 대안을 암시한다. 하버드 대학의 케네스 로고프 교수와 카르멘 레인하르트 피터슨연구소 수석연구원은 1930년대 대공황을 '제1의 대위축(First Great Contraction)'이라고 지칭하고 이번 경제위기를 그에 버금가는 위기라는 의미로 '제2의 대위축(Second Great Contraction)'이라 정의한 바 있다.

이들의 진단대로 최근의 세계 경제위기가 '경기 대위축(Great Contraction)'의 상황이라면 대책도 특별해야 한다는 것이다. 단순한 경기 사이클(business cycle) 침체는 재정 팽창 정책으로도 회복할 수 있지만, 이번 금융위기로 인한 위축에는 그다지 효과가 없다는 것이다.

감기약으로 폐렴을 다스릴 수는 없는 것과 마찬가지다. 문제는 현재의 '경기 대위축'을 극복할 마땅한 묘책을 아무도 내놓지 못하고 있다는 점이다. 일단 재정건전성 확보를 위한 전방위적 긴축기조 정도만 유효하게 실행되고 있을 뿐이다.

한국경제의 위기요인과 과제

한국경제의 상황은 어떠한가? 한국은 금융위기의 파고에서 가장 빠르게 회복한 나라 가운데 하나다. 조 교수는 금융위기 극복에 기여한 요인으로 고환율 정책과 저금리 정책, 신용보증 확대, 대출 연장 등의 정책 효과와 중국의 재정 통화팽창 정책의 간접적 기여를 들었다.

하지만 고환율 저금리 정책이 물가상승 압력으로 작용하였고 외환위기 이후 중소기업 및 저축은행, 건설 부문 등에서 구조조정이 지체되었던 상황이 또 다른 경제 불안요인으로 작용하고 있다고 말한다.

나아가 조 교수는 한국경제의 중단기적 불안요인으로 부동산 건설 경기의 침체와 위험수준에 도달한 가계 부채(가계가처분소득의 157%, 2011년 말 912조)를 들었다. 가계 부채의 주요인은 부동산 취득 등에 있다. 조 교수는 "차라리 금리 인상 시기가 좀 더 빨랐어야 하지 않았을까?" 하는 실기(失機)를 조심스럽게 얘기하면서도, 그러나 막상 부동산 경기가 침체된 상황에서 한국은행은 금리를 인상하기도, 인하하기도 어려운 곤경에 빠져있다고 진단했다.

조 교수는 한국경제의 장기적 전망을 어둡게 하는 것은 무엇보다도 고령화의 심각한 여파라고 강조한다. 이에 대한 인식과 대비가 부족한 것이 큰 문제라는 것이다. 아울러 소득분배의 악화로 소득의 양극화 현상이 갈수록 커질 우려가 있다고 말한다.

상위 20% 소득계층과 하위 20% 소득계층의 소득비율을 나타내는 지표인 '소득 5분위 비율'을 보면 (2010년에 다소 완화되었지만) 전반적 추세는 높아지고 있다.

조 교수는 이런 현상을 네덜란드의 경제학자 얀 펜(Jan Pen)이 '소득분포 가장행렬'로 재미있게 논증한 예를 들었다. 얀 펜은 소득 크기에 비례한 키를 가진 사람들의 가상적인 행렬을 제시했다.

키가 작은 순서대로 지나가는 가장행렬이 1시간 동안 계속될 경우, 맨 처음에 등장하는 사람은 소득보다 빚이 더 많아 아예 땅속으로 고꾸라지거나 난장이로 등장하고 1시간에 가까워질수록 키가 큰 거인들이 나타나게 된다. 이런 현상은 모든 자본주의 국가에서 공통적으로 나타나는 현상이다.

아울러 조윤제 교수는 우리나라가 불명예스럽게 세계 최고의 자살률을 보이고 있고 특히 65세 이상 노인 자살률(인구 10만 명당 78.8명)이 다른 연령대보다 상대적으로 높다는 점을 크게 우려했다. 결국 한국의 사회지표가 주는 함의는 '복지정책에 대한 사회적 요구가 증대할 수밖에 없다.'는 것이다.

조 교수는 정부의 역할 증대를 통한 부의 재분배 정책의 필요성을 인정하면서도 최근 여야를 막론하고 퍼주기식 포퓰리즘 공약을 남발하는 상황에는 선뜻 동의하지 않는 듯하다. 고령화가 빠르게 진행되는 등 현재의 제도 하에서도 복지지출이 급속하게 늘어나 재정을 위협하게 될 상황이라는 것이다.

전반적으로 세계경제와 한국경제의 전망은 불확실성 그 자체다. 진단과 전망이 어려운 만큼 최적의 해법을 찾기도 어렵다. 결국 통화정책과 재정정책의 안전판 확보만이 유일한 리스크 대비책이다.

최근 여러 나라의 경제학자나 실물경제 운용자들 사이에서 통화팽창정책에 대한 비판과 경계가 많이 나오는 것도 이 때문이다. 미래가 불안한 만큼 인플레이션의 억제와 긴축 기조를 유지하는 것이 여러 불안요소들에 대한 대응력을 제고시켜 줄 것이기 때문이다.

이러한 경제 환경을 살펴볼 때 세계 경제는 살얼음판을 걷고 있는데 우리나라에서만 수백조의 복지 재정을 투입하는 무한정한 재정팽창 정책을 펼치는 것은 위험천만한 일이 아닐 수 없다.

한국 경제는 이제 두 마리 토끼를 붙잡아야 하는 어려운 국면에 이른 것 같다. 국민 복지의 확대라는 재정확대 요인에 어떤 수준에서든 대응해야 하는 과제와 세계경제의 위기 조류에 맞춰 안정적 재정운용을 해야 하는 과제에 당면하고 있다. 이 두 가지 과제를 조화롭게 추구하지 못하면 '제3의 경기 대위축'을 불러오지 않는다고 장담하기 어렵다.

이 강연은 2012년 3월 12일에 열렸다. 조윤제는 1952년 부산광역시에서 태어났고, 미국 스탠포드대학교에서 경제학 박사학위를 받았다. 국제부흥개발은행 IBRD 경제분석관(1984~1988), 한국조세연구원 부원장(1995~1996), 서강대학교 국제대학원 교수(1993~2003), 대통령비서실 경제보좌관(2003), 주영국 대사관 대사(2005~2008)를 역임했다. 조 교수는 세계 경제와 한국경제의 위기 요인을 진단하고, 한국경제의 전망과 함께 위기 극복을 위한 전략적 방향을 제시했다. 총선과 대선을 앞둔 상황에서 이루어진 당시 강연에서 조 교수는 고령화와 복지수요에 대한 대응을 주문하면서도 재정건전성 유지를 강조했다. 현 정부에서도 여전히 귀 기울여야 할 대목이다.

3장

내부의 적을 더 경계하라

- 전 초대 주월한국군 사령관 채명신

2012년 2월 13일 저녁 채명신 장군의 강의를 들었다. 국방, 안보, 외교, 통일 분야 사회지도층 인사 20여분이 함께 둘러 앉아 듣는 편한 자리였다. 무려 2시간 동안 쉬지 않고 이어진 열정어린 강의를 듣고 나서 20여 분 간 질의응답이 있었다.

채명신 장군은 1926년생이시니 만 86세의 노구이신데도 또렷한 목소리에 이야기도 재미있게 전개하는 등 노익장을 과시했다. 그는 6.25전쟁 때는 연대장으로, 한국군 최초의 유격부대인 백골병단 대장으로, 월남전에서는 맹호부대장이자 초대 주월 한국군 사령관으로 몸소 겪은 6.25와 월남전의 에피소드와 교훈을 차분하게, 때로 격정적으로 좌중에게 전달했다.

그는 그동안 각종 언론 인터뷰나 신문 연재, 회고록 발간을 통해 전쟁의 경험을 전파해왔다. 양 전쟁을 체험한 군인이 거의 사라져가는 요즘에 야전을 누빈 백전노장의 체험담을 육성으로 직접 듣는 것 자체가 매우 소중한 의미가 있었다.

채 장군이 강조한 내용들은 여러 가지였다. 우선 관통하는 핵심 주제들은 공산주의의 잔인성과 위험성에 대한 경고, 인간을 파괴하는 전쟁의 참상에 관한 것들이다. 나아가 자유 수호를 위한 군인으로서의 용기와 부하 사랑, 애민의 정신, 그리고 전쟁에서 승리하기 위한 조건에 대한 철학이었다.

채 장군의 인품과 성격을 드러낸 몇 가지 에피소드도 흥미로웠다. 그 중 하나가 소위로 임관되어 처음 소대장으로 부임한 제주도의 군 생활에서 있었던 일화다. 4.3사건의 와중에서 그는 군 내부의 좌익과 우익 간의 갈등으로 암살의 위협까지 느끼는 상황에 처했다. 하지만 부하 사랑으로 얻어낸 신임을 바탕으로 보이지 않는 곳에서 부하들의 경호를 받아 생명을 보존할 수 있었다. 적대적 부하까지 포용해서 자발적 복종을 이끌어내는 그의 헌신적 리더십의 성과를 엿볼 수 있게 해주는 사례다.

6.25전쟁의 교훈

그가 강조한 6.25전쟁의 교훈은 3가지다. 첫째, '지피지기 백전불태(知彼知己 百戰不殆, 상대를 알고 나를 알면 백 번 싸워도 위태롭지 않다)'이다. 당시 북한은 6.25 이전부터 휴전선 부근에서 잦은 도발을 해왔었다. 하지만 6.25전쟁에 임박한 즈음엔 각종 평화공세를 펼치는 바람에 남한지도자와 군에서는 저들이 전면전쟁을 일으키리라고는 꿈에도 생각하지 못했다고 한다.

북한의 위장평화 공세에 속은 것이다. 그는 그런 상태에서 북한 인민군의 기습 남침을 당했던 점을 통탄했다. 북한은 언제든지 평화를 앞세우고 도발을 획책하기 일쑤라는 것이다. 북한에 대한 경계를 한시도 늦추어서는 안 된다는 말이다.

둘째, 동맹국과의 관계를 올바르고 굳건하게 유지해야 한다는 것이다. 채 장군은 6.25전쟁 시 미국 등 혈맹의 도움이 없었으면 결코 승리할 수 없었다고 보았다. 주변 강대국 사이에 있는 한국의 미약한 국력만으로 국가를 유지하고 보전하기가 어려운 만큼 미국과 같은 자유민주주의 국가와의 동맹을 굳건히 유지할 필요가 있다고 강조한다. 최근의 한미FTA 폐지 주장 등은 한미 간 경제적 상호국익을 해칠 뿐만 아니라, 한미군사동맹의 균열을 야기할 수 있는 위험한 발상이라는 우려도 나타냈다.

셋째, 내부의 적을 경계하라는 것이다. 6.25전쟁의 발발 이전, '제주4.3사건' '여순반란 사건' 등 좌익의 준동이 북한의 침략을 불러왔다. 참고로 월맹에 의한 베트남의 공산화도 자유베트남의 부패와 내부의 공산세력에 의한 자멸의 성격이 짙다는 것이다. 특히 부패한 국가는 위급할 때 누구의 도움도 받지 못한다는 교훈을 잊지 말아야 한다고 그는 강조했다.

채명신 장군이 강조한 전쟁을 승리로 이끄는 조건 두 가지도 의미 있다. 첫째, 전쟁의 대의명분 즉 전쟁의 목적이 정당하고 공감을 얻을 수 있어야 한다는 것이다. 월맹은 '외세 배격'이라는 명확한 대의명분이 있었지만 자유베트남 정권의 경우 월맹과의 전쟁에서 뚜렷한 목적이 없었기에 질 수 밖에 없었다는 것이다.

두 번째는 리더가 누구이냐가 승패를 좌우한다는 것이다. 월맹은 청렴한 지도자 호치민(胡志明, 1890~1969)이 이끌었지만, 자유베트남 정권은 사리사욕에 의한 잦은 쿠데타로 정정(政情)이 불안했고, 부패한 지도자가 이끌었기에 패망할 수밖에 없었다는 것이다.

강직하고 청렴하면서도 용감한 군인이었던 그의 체험과 통찰에서 우러나온 이야기인지라 무게감이 더했다. 저녁 7시 30부터 10시 반이 되어서 끝날 때까지 기침소리 한번 내지 않고 몰입해서 강의를 들었다. 청중 모두 노장에 대한 따뜻한 존경과 감사의 마음이 진하게 배어나는 흐뭇한 안색을 서로 확인하는 자리가 되었다.

이 강연은 2012년 2월 13일에 열렸다. 고 채명신은 1926년 황해도 곡산에서 출생했으며, 육군참모대학을 졸업했다. 2013

년 11월 25일 향년 87세로 별세했다. 평소 "파월장병 사병묘역에 묻어 달라."는 유지에 따라 국립현충원 설립 이래 장군으로서는 최초로 사병묘역에 안치되었다. 고인은 6.25전쟁 시기에 7사단, 3사단, 20사단의 연대장을 역임하고, 베트남 전에 참전하여 주월 한국군 사령관(1965~1969)으로 복무했다. 이후 주 스웨덴 대사관, 주 그리스 대사관, 주 브라질 대사관의 특명전권대사로 봉직했다. 고인은 마지막이 된 공개 강연을 통해 6.25전쟁과 베트남전의 교훈을 일깨웠다. '내부의 적을 경계하라.'는 고인의 일갈이 아직도 귀에 쟁쟁하다.

4장

이념의 잣대로 본 대한민국의 현주소

- 조갑제닷컴 대표 조갑제

조갑제닷컴의 조갑제 대표는 우리 사회의 대표적인 애국적 우파 지식인 가운데 한 사람이다. 물론 진보 진영이 수구세력으로 낙인찍을 만큼 보수적 이념의 극단에 위치한 것으로 여겨지기도 한다. 이런 그의 눈으로 바라본 최근의 우리 사회의 모습은 어떨까 자못 궁금했다.

2012년 4월 9일 열린 한국안보문제연구소(이사장 김희상) KINSA 아카데미의 초빙 강연에서 그의 첫 소재는 고사(故事)였다. 고려 문신 김부식의 『삼국사기(三國史記)』에 기술된 통일 3걸(傑), 김춘추(태종무열왕), 김유신, 문무왕의 이야기부터 꺼내는 그의 내심이 호기심을 자아냈다.

김유신의 자주국방의 교훈

660년에 백제가 멸망하고 소정방의 13만 당나라 대군이 신라마저 복속시키려는 야욕을 드러내자, 다미공(多美公)은 백제유민과 당군을 이간시킨 후 그 틈을 타 선제공격을 할 것을 주장한다. 이에 대해

문무왕이 신라를 도운 당군을 공격할 수 없다고 주저하자 김유신은 "개가 주인을 두려워하지만, 주인이 자기의 다리를 밟으면 무는 법입니다. 국난을 당하여 어찌 자위책을 취하지 않겠습니까?"라며 공격을 주청하였다. 소정방은 김유신의 이러한 결사항전의 의지를 보고 당나라로 철수하게 된다.

돌아온 소정방을 당 고종이 위로하면서, 신라를 마저 정벌하지 않은 이유를 하문하자, 소정방은 "신라는 그 임금이 어질어 백성을 사랑하고 그 신하는 충의로써 나라를 받들고, 아랫사람들은 그 윗사람을 부형(父兄)과 같이 섬기므로 비록 나라는 작더라도 감히 도모하기 어려워 정벌하지 못했습니다."라고 아뢴다. 삼국사기 김유신 열전(烈傳)에 나오는 이야기다.

조갑제 대표는 이 고사에 나온 김유신의 단호한 태도에서 자주국방 정신과 '고슴도치 정신'을 교훈으로 얻는다고 말한다. 임금과 신하, 백성이 애국심과 의리로 똘똘 뭉쳤기 때문에 한반도에서 최초의 통일국가를 만들 수 있었다고 보는 것이다.

그는 또 상이한 두 무장(武將)의 대비를 통해 현실을 반추하게 해준다. 무장을 알아주는 시대에 태어나 뜻을 제대로 펼 수 있었던 김유신과 무장을 구박하는 시대에 태어나 고생한 이순신이다. 김유신은 용맹한 장수이자, 권모술수에 통달한 정치군인이었다. 하지만 그는 개인의 영달이나 집권이 아닌 민족통일국가 건설이란 보다 큰 차원의 명제에 천착한 인물이었다. 반면 이순신은 국가의 지원이 열악한 상황에서 조국을 위란(危亂)에서 구하기 위해 죽음의 길을 스스로 걸어 들어갔던 불운의 무장이었다.

조 대표는 지구상에서 가장 호전적 선군정권인 북한과 대치하고 있는 우리가 이 고사들에서 교훈을 얻어야 한다고 말한다. 한국적 위기 상황을 극복해 내기 위해서는 군의 자주국방 의지와 국민적 애국심과 결속력, 군에 대한 국민의 신뢰와 지원이 절실하다고 말하는 것이다.

성공국가와 실패국가의 차이

이어 조 대표는 미국 MIT 대학의 대런 에이스모글루(Daron Acemoglu) 교수와 하버드 대학의 제임스 로빈슨(James A. Robinson) 교수가 공저(共著)한 『실패국가 연구(Why nations fail)』의 분석 내용을 차용하면서 우리 사회의 진단에 들어간다.

이 책에서 저자들은 세계사의 여러 사례들을 분석한 후, 성공국가와 실패국가를 가르는 본질적 원리를 두 가지로 압축했다. 성공국가는 '포용적(Inclusive) 경제·정치 제도'를 가졌고, 실패국가는 '착취형(Extractive) 경제·정치 제도'를 가졌는데 남한과 북한이 각각 이에 적합한 극명한 예를 보여준다는 것이다.

또 다른 예도 있다. 16~17세기 스페인과 영국은 식민지 경영에서 경쟁하며 패권국가의 선두를 다투었다. 스페인은 식민지 개척과 무역을 왕실에서 독점하였고, 영국은 민간인에게 맡겨 서로 경쟁하게 했다. 결국 스페인은 남미에서 착취형 제도를, 영국은 미국에서 포용형 제도를 만들며 성패가 엇갈리게 되었다는 것이다.

조 대표의 문제의식의 단초는 여기서 출발한다. 이렇듯 학자들이 성공모델로 분석하고 있는 포용적 남한사회를 외면하고 실패형 국가모델인 북한의 착취형 전체주의 체제를 추종하는 세력의 득세가 날이 갈수록 심화되고 있다는 것이다.

그는 나라의 흥망은 포용적 경제·정치 제도를 어느 정도 유지·발전시키느냐에 달려있다고 본다. 따라서 북한을 추종하는 종북세력의 작금의 지형도가 국가의 명운을 경각에 놓이게 했다고 인식한다. 따라서 '이념적 잣대'로 한국사회를 진단할 때 한국이 처한 상황을 보다 명료하게 파악할 수 있다고 말한다.

이념전쟁 중인 한국의 정치상황

조 대표는 황장엽 선생과 같이 이념이란 "공동체의 이해관계에 대한 자각"이며, "자기 정당성에 대한 확신"이라고 말한다. 좌파의 공고성은 바로 이런 이념무장에서 나온다고 본다. 예를 들어 '라이스 강간 살인' 등 과거의 막말로 물의를 빚은 민주통합당 김용민 후보 경우에는 저급한 인성과 반미주의적 이념이 깔려있다는 것이다.

반면에 1950년 북한의 남침보고를 받은 미국의 트루먼 대통령이 "그 새끼들을 반드시 막아야 한다."고 분노한 것은 자유민주주의에 대한 정당한 확신에서 나온 '위대한 욕설'이라는 것이다. 트루먼의 분노가 남한을 공산화로부터 지켜낸 이념적 가치의 발로라고 보는 조 대표. 그의 눈에 자유민주주의의 이념에 대한 확신이 흐려진 우리 사회 모습은 질타의 대상이 아닐 수 없다. 당시 한 여론조사 결과, 북한의 천안함 공격을 인정하지 않는 사람들이 30%가 넘고, 특히 20대 젊은 여성들의 경우는 무려 45%가 넘었다. 나이가 많을수록 정답을 얘기하고 나이가 적을수록 오답이 많은 기이한 모습이다. 그는 '배운 무식자'가 넘치는 이런 상황이 과연 민주주의가 제대로 작동하고 있는 것인지 의문한다.

한 발 더 나아가 조 대표는 지금의 여야 정치상황을 남북한의 대리전으로서의 '이념전쟁'으로 규정했다. 또한 지난 2012년 4.11 총선에서 민주통합당과 통합진보당의 연대 후보가 사용한 '야권 단일 후보'라는 부적절한 용어를 용인한 선거관리위원회의 유권해석에도 수긍하지 못했다.

그가 가장 크게 우려한 것은 민주통합당과 통합진보당의 연대가 지나치게 '종북적'이라는 점이다. 특히 국가보안법 폐지, 고려연방제 지지, 주한미군 철수와 한미동맹의 해체를 주장하면서 자유민주주의를 외면하는 통합진보당의 정체성을 우려했다.

1976년 이탈리아 공산당은 NATO를 지지하며 안보가 뒷받침되는 공산주의를 추구했다. 반면 통진당은 국가안보를 도외시하고 있다는 점에서 이들이 말하는 소위 진보(progressive)가 허위적임을 지적한다.

종북좌파적 의도를 간파하자

조 대표는 양 당의 공동정책합의문 가운데 종북 좌파적 성향을 극명하게 드러낸 몇 가지 조항에 대해 더욱 날카로운 메스를 가한다. 한미FTA의 무효화, 제주해군기지 공사 중단, 국가보안법 폐지 등 잘못

된 주장은 이미 널리 알려진 만큼 재론하지 않는다. 국가 안보와 관련하여 그가 특별하게 지적한 문제적 조항은 아래와 같다.

첫째, 국가 안보문제 전반에 대한 결정에서 시민참여를 보장한다.

둘째, 군복무기간을 단축하고, 양심에 따른 병역 거부자를 위한 대체복무제를 신설한다.

셋째, 교사와 공무원의 정치활동을 보장하여 정당한 정치 활동에서 배제되는 집단이 없어지도록 한다.

넷째, '6.15공동선언' '10.4선언'의 이행을 담보하는 입법조치 등을 통해 적극적인 남북화해협력을 추진한다.

조 대표는 첫째 및 둘째 조항에 전형적인 공산주의자의 시각이 투영되었다고 본다. 군대를 계급투쟁의 도구로 보고 공산당이 통제해야 될 대상으로 파악하면서, 국군을 '지배층의 이익을 지키는 계급군대'로 규정하는 취지가 깔려있다는 것이다.

특히 양심적 병역 거부자에 대한 용인은 단순히 특정종교 신봉자에 대한 종교의 자유 보장 차원이 아니라고 말한다. 국군에 대한 거부권을 정당화하겠다는 것이 사회주의자들의 숨은 의도라는 것이다. 그는 만약 종북정권이 들어설 경우 이런 정책 실현을 통해 국군이 약화되어 결국 북한의 대남 적화노선에 동조하는 결과를 초래하게 된다고 경고했다.

셋째 조항의 경우, 정치적 중립을 지켜야 할 교사와 공무원이 정치 세력화 함으로써 국가의 근간이 흔들리게 될 것을 우려한다. 지금도 가뜩이나 전교조가 교단을 정치화하고 있는데, 이런 정책기조는 공무원 집단의 좌경화를 가속화시킬 것이란 얘기다. 특히 중·고교 교과서에서 '국군의 학살' '인민군의 숙청' 등 편향된 서술이 자라나는 청소년들에게 그릇된 역사의식을 심어주고 있는 판에 대한민국의 정통성을 부정하는 방향으로 교육이 악화될 것을 우려하는 것이다.

조 대표는 넷째 조항이 사실상 대한민국의 적화(赤化)를 위한 빗장을 여는 셈이 된다고 경고했다.

특히 6.15선언에 포함된 첫째 조항인 '남과 북은 나라의 통일문제를 그 주인인 우리 민족끼리 서로 힘을 합쳐 자주적으로 해결해 나가기로 하였다.'와 둘째 조항인 '남과 북은 나라의 통일을 위한 남측의 연합 제안과 북측의 낮은 단계의 연방 제안이 서로 공통성이 있다고 인정하고 앞으로 이 방향에서 통일을 지향시켜 나가기로 하였다.'라는 내용을 문제시 했다.

조 대표는 제1항의 '우리민족끼리 자주적 해결'과 제2항의 '낮은 단계 연방제 통일'은 자유민주주의에 입각한 평화적 통일을 부정하고 전쟁 없이 남한을 흡수하는 연방제 적화통일을 의미하므로 명백한 헌법 파괴라는 입장이다.

자유통일은 상호주의에 입각한 남북교류·북한의 민주정부 수립·남북 상호 체제인정·남북한 통합선거에 의한 통일정부 수립으로 이루어져야 한다는 우리의 관점과 상치되기 때문인 듯하다.

조갑제 대표는 이러한 예시들을 통해 종북세력이 종북적 의제설정을 주도해 온 정치구도를 개탄했다. 이러한 상황이 초래된 원인과 책임의 상당 부분이 이명박 정부에 기인한다고 강조했다. 정부는 6.15선언의 복원과 이행을 촉구하는 종북세력에 대해 '안 지키면 그만이다.'라는 소극적 방식으로 대응할 게 아니라 6.15선언의 폐기를 선언해서 그들의 견인 고리를 아예 끊어내야 한다고 말한다.

특히 위헌적 정강정책을 유지하는 통합진보당을 해산되어야 할 정당으로 규정한다. 따라서 헌정 질서 수호를 위해 대통령은 정당해산제소권을 행사해야 한다고 역설한다. 이는 헌법 제8조에서 대통령에게 부여한 고유권한이기도 하다.

하지만 이명박 정부는 종북세력의 위험성에 대해 무지하며, 현실도피적으로 종북세력을 외면하고 있고, 여당도 마찬가지로 이념 정립 없이 경제민주화 등 좌클릭 정책을 쏟아내는데 정신을 쏟고 있다고 질타한다.

조 대표는 자유민주주의와 시장경제를 지키기 위한 이념 대결을 회피하는 현실, 북한 핵문제 및 한미 연합사 해체, 그리고

PSI(proliferation security initiative, 대량살상무기 확산방지구상) 문제 등 안보 이슈를 도외시하는 현실을 개탄했다.

종북세력의 약진, 흔들리는 자유민주주의

조 대표는 1977년 김일성이 동독 국가평의회 의장인 호네커(Erich Honecker, 1912~1994)에게 한 말을 상기시켰다. "남한에서 반공민주주의자가 정권을 잡아도 박정희 군사정권보다 훨씬 유리하다."는 이 말은 종북세력이 민주주의가 지닌 취약점을 파고들어 민주의 이름으로 안보와 법치를 교묘하게 파괴시키기에 유리하다는 말이다.

조 대표는 우리 사회의 자유민주주의적 역량이 종북세력의 교묘한 좌경화 전략을 당해 내지 못하고 있는 현실을 지적하는 것이다. 특히 전반적으로 시민들의 민주주의에 대한 소양과 교양이 부족하다고 말했다. 이로 인해 시민들에게 참과 거짓, 선과 악, 피(彼)와 아(我)를 분별하는 능력이 결핍되어 국가정신을 파괴하려는 북한의 대남적화전략이 파고들 수 있는 토양이 되고 있다는 것이다.

아울러 조 대표는 한글 전용화로 인해 고급 독서가 어려워지고 언어 정책이 붕괴해 국민 교양이 타락한 것도 자유민주 질서가 흔들린 원인 중 하나라고 진단했다. 한마디로 우리 현실은 "가난과의 싸움에서는 이겼지만, 풍요와의 싸움에서는 지고 있는" 형국이라는 것이다. 이런 상황에서는 종북세력으로부터 국가의 혼과 국가의 정신을 지키는 항체(抗體)가 형성될 수 없다는 얘기다.

조 대표는 종북세력이 국회를 장악하는 최악의 시나리오에 극도의 경계심을 보였다. 지금까지 종북세력의 전방위적 약진의 추세를 보면, 현실적으로 종북세력이 주도하는 종북국회의 탄생이 예견된다는 것이다. 이런 상황에서도 우리 국민은 경각심은커녕 무감각 증세를 보인다며, "당해봐야 안다."는 비관적 전망을 내놓는다.

총선결과는 우울하게도 그의 예견과 들어맞았다. 통합진보당은 민주통합당과의 야권 연대 전술을 통해 제3당으로 대약진하는 결과를 얻었다. 이정희 후보의 경선 여론조사 조작 사건과 종북세력의 몸통인 '경기동부연합'의 폭로 등 대형 악재에도 불구하고 역대 최다인 13명의 국회의원 의석을 확보했기 때문이다.

18대 국회에서 불과 7석에 불과하던 민주노동당이 보여준 국회 내에서의 이슈제기 및 추동력에 비추어 볼 때, 제3당으로서 캐스팅보트를 쥔 결속도 높은 통합진보당 13명의 의석은 새누리당과 민주통합당의 틈새에서 엄청난 종북적 견인력을 발휘할 가능성이 높다는 점에서 더욱 그러하다.

이념에서 지면 모든 게 진다

조 대표는 이러한 비관적 현실을 타개할 방책으로 다시 '이념적 잣대'를 제시한다. "이념에서 지면 모든 게 진다."는 것이다. 좌우 대결이 격화될 정치상황에서 대통령과 공무원, 군인이 이념의 좌표를 명확히 설정하고 이를 국민에게 적극적으로 전파할 수 있어야 한다고 강조한다. 국민의 안보 소양과 지혜를 높이는 것이 국가지도자의 신성한 책무라는 것이다.

아울러 한미동맹의 우산 아래 국민의 안보의식이 해이해진 측면도 있는 만큼, 미국 의존의 국방체계를 자주국방 체계로 전환할 필요도 있다고 주장한다. 자주국방을 통해 우리 군과 국민이 직접 북한의 위협을 막아내야 한다는 절박한 인식을 갖는 과정에서 우리 사회 내부에 종북세력을 제어할 동인(動因)이 만들어 질 수 있다는 얘기다.

우파의 아이콘 조갑제 대표는 자유민주주의 진영이 이념으로 단단히 무장하지 않으면 종북세력의 확산을 막을 수 없다고 간절하게 호소한다. 좌파의 공고성이 바로 이념무장에서 나오기 때문이다. "나는 공산주의자를 반대하지 않는다. 매국주의자를 반대한다."고 한 이승만 대통령의 발언을 상기하는 조 대표의 의도는 역시 종북세력의 극단적 해악을 강조하는 듯하다.

조갑제 대표의 '이념적 잣대'로 살펴본 우리 사회의 모습은 사뭇 비관적이다. 당연히 그의 우국적(憂國的) 관점이 많이 투영되었기 때문일 것이다. 하지만 그가 강조하는 국가 이념과 철학의 정립은 요원할 듯싶다.

진보적 좌파진영 전체를 종북세력으로 몰아세워서도 안 된다. 상당수 국민들이 '종북세력'이란 용어 자체에 대한 생래적 거부감을 갖고 있는 것도 현실이다. 게다가 정치적 실리를 감안한 새누리당은 "민생이 이념"이라며 이념 전쟁을 기피하고 있다.

하지만 통합진보당의 약진은 피할 수 없는 한 판 승부를 예고하고 있다. 따라서 조 대표의 예견대로 정치권이 원하든 원치 않든 정권 획득을 위한 '이념 전쟁'이 벌어질 가능성은 높다. 문제는 현재의 정치지형의 의미를 국민들이 어떻게 받아들이고 '이념 전쟁'을 어떤 식으로 수용할 것인가이다.

지난 총선의 결과를 보면 국민들의 선택 기준에 '이념적 잣대'는 크게 자리하고 있지 않은 듯하다. 따라서 조 대표 같은 이들이 경고하는 종북세력의 실체나 위험성에 대해 귀 기울일 사람이 많지 않을지도 모른다. 오히려 경기 침체와 청년실업 등 현실의 팍팍한 삶을 바꿀 '흑묘백묘론(黑猫白猫論)'적 사고에 더 기울어 있는지도 모른다.

하여 역설적으로 자유민주주의의 안전판을 지켜내려는 조갑제 대표가 국민 각성을 향한 열정과 사자후를 더 키워야 할 듯싶다. 하지만 이전보다 더 외로운 투쟁이 될 것임은 분명하다.

이 강연은 2012년 4월 9일에 열렸다. 조갑제는 1945년 일본에서 출생했고, 부산수산대학교를 중퇴했다. 그는 1971년 국제신문 기자로 언론인의 길로 들어선 이래 「월간조선」 편집장 겸 대표이사 사장(2001)을 역임하고, 2005년부터 인터넷신문 「조갑제닷컴」 대표를 맡고 있다. 그는 종북 세력에 무감각해진 우리 사회의 불감증을 질타하면서, 종북 세력의 확산을 막기 위한 자유민주주의 진영의 경각심을 촉구했다. 2012년 4월 총선 이전에 열린 강연에서 '종북 국회의 탄생'이 우려된다는 그의 예측이 '이석기 의원'의 국회 진입과 'RO'사건으로 들어맞았다는 점이 흥미롭다.

5장

김정은 체제의 미래와 한반도

- 한국안보문제연구소 이사장 김희상

2011년 12월 17일, 김정일이 사망한지 이제 반년이 넘었다(2012년 6월 18일 시점). 예견된 대로 김정은의 3대 세습이 이루어진 상태이다. 아직까진 북한에 큰 동요나 혼란은 포착되지 않으나, 당과 군부 장악력이 확실하던 김정일 체제와 달리 권력기반이 취약할 수밖에 없는 김정은 체제의 불안정성과 급변사태의 가능성은 늘 잠복해 있다고 봐야 한다. 이러한 불확실한 안보환경에서 한반도의 주변 정세와 북한 동향, 대남전략을 예측하고 한국의 대북정책 및 통일정책의 방향을 점검해 볼 필요가 있다.

이러한 시기에 한국안보문제연구소(KINSA) 김희상 이사장의 '김정은 체제의 미래와 한반도'라는 주제 특강은 매우 시의적절하고 의미가 깊다. 특히 김 이사장은 예비역 육군중장으로서 과거 군의 주요 일선보직과 청와대 국방보좌관 등을 역임하면서 군사전략 및 국방정책을 수립하고 추진한 경험과 식견이 풍부하기 때문이다. 그가 킨사(KINSA) 아카데미를 운영하면서 국방, 안보, 외교, 통일, 경제 분야의 최고 수준의 리더들의 연속적 강좌를 통해 국가 경영의 통찰을 나누어 온 점도 식견의 무게감을 더해 준다.

중국이 한반도에 미치는 영향

한반도의 정세 파악에서 중국은 늘 빠지지 않는 변수이자 상수이다. 중국은 1949년 건국 이래 나라의 기틀을 채 다지기도 전인 1950년 6.25전쟁에 개입할 만큼 북한과 혈맹, 우의(友誼) 이상의 특수한 이해관계를 맺고 있다. 순망치한(脣亡齒寒)의 혈맹인 중국이 북한이 위기에 처할 때마다 든든한 버팀목이 되어 주고 있는 게 이를 입증한다. 한미동맹을 냉전시대의 산물이라고 비판하는가 하면, 천안함 폭침 때 미국 항모 조지워싱턴호의 서해 진입을 한사코 반대하고 나선 것도 서해가 중국의 내해(內海)라는 중화사상의 팽창주의적 특성을 드러낸 것이란 해석이다.

나아가 김 이사장은 두 가지 예를 들며, 중국 지도층의 숨겨진 영토적 야심을 경계한다. 릴리(James Lilley) 전 주한 미국 대사가 2007년 1월 미 의회에서 "중국 지도층이 북한의 반 정도를 자기 땅으로 생각하고 있으며, 동북공정(東北工程)과 백두산 주변의 대군이 그와 무관치 않다."고 한 증언이 그 첫 번째이다.

다른 하나는 "후진타오가 국가주석이 되기 전 5~6회 만났는데 만날 때마다 안동도호부(安東都護府) 이야기를 하고, 평양지역에서 발견된 중국관계 유적들도 중국인들이 그곳에 살며 만들어 놓은 것"이라고 강조하더라는 울산의 한 CEO가 전하는 말이다. 릴리 전 대사의 증언이나 후진타오의 말 속에 담긴 중국 지도층의 인식과 야욕은 역사적 아픔을 체험한 우리로서는 실로 섬뜩하지 않을 수 없다.

더군다나 중국은 '화평굴기(和平崛起, 평화롭게 부상한다)'를 넘어 '돌돌핍인(咄咄逼人, 거침없이 상대를 압박한다)'의 오만하고 거친 자세로 중화질서 회복의 꿈을 현실화하려는 상황이다. 그런데 한미동맹은 정권의 코드에 따라 취약하기 그지없는 반면, 북중관계는 흔들림 없이 공고하다는 점에서 한반도 안보 환경이 지극히 위협적 상황이라는 것이다. 나아가 김 이사장은 북한이 중국의 배타적 영향권 아래에 들 경우, 한반도가 핀란드화(Finlandization) 혹은 제2의 티베트화가 되지 않는다는 보장이 없다는 항간의 최악의 시나리오까지 상기시킨다.

김 이사장의 경고가 터무니없는 과장은 아닌 듯하다. 사실 20세기 초반 독일과 소련이 경쟁하던 시기에 핀란드가 양국의 눈치를 보느라 이러지도 저러지도 못했던 상황이, 미국이 퇴조하고 중국이 부상하는 한반도의 상황에서 유사한 모습으로 재현되지 말라는 법은 없다.

또한 지미 카터 대통령 시절 백악관 안보보좌관을 지낸 브레진스키(Zbigniew Brzezinski)가 『전략적 비전: 미국과 글로벌 파워의 위기(Strategic Vision: America and the Crisis of Global Power)』에서 전망한 21세기 국제질서를 보면, 미국의 힘이 쇠퇴하고 중국이 부상하면서 곤경에 처할 나라들로 한국, 일본, 대만, 이스라엘 등을 들지 않았던가? 우리가 곱씹어 봐야 할 대목들이다.

북한체제의 동향과 생존전략

북한의 상황은 어떤가? 작금의 극심한 경제 파탄은 오랫동안 군사력 증강에만 올인한 당연한 결과라는 게 김 이사장의 분석이다. 북한군은 애초에 구 소련군의 체제를 모방하여 수(數)가 많으면 이긴다는 대량군주의(大量軍主義) 군대였다. 하지만 1970년대 중반 중동전쟁에서 승리한 소수정예의 이스라엘군에 충격을 받고, 1975년 "정예전력을 대규모로 확보하는데 온 국력을 쏟아 부어야 한다."는 김철만의 논문이 노동지에 실린 후부터 북한의 자원이 군사력 증강에 극단적으로 집중되었다는 것이다.

이런 추세는 1990년대까지 강화되어 결국 심각한 경제난을 초래했고, '고난의 행군(1996~2000년)' 시기 수해로 인한 대흉작으로 배급제가 붕괴되며 수백만의 아사자가 발생하는 최악의 상황에서 김정일 체제가 붕괴의 위기까지 갔었다는 것이다. 게다가 1994년 김일성 사망에 대해 김정일의 부친 살해설이 떠도는 등 지도층이 동요하고 민심도 흉흉했었다고 한다.

김 이사장은 이 시기가 자유통일의 호기였다고 강조한다. 특히 당시 주변 4강과 인적 접촉의 기회를 가졌던 자신의 체험으로도 그런 분위기를 직감했었다고 말한다. 2000년 말, 예편 후 미국 랜드(RAND)연구소, 일본의 방위연구소, 러시아 세계경제 · 국제관계연구소(IMEMO), 중국 사회과학연구소 등을 돌아보면서 한반도 통일에 대한 주변 4강의 체념적 공감대 같은 것이 형성되고 있음을 직감했었다는 것이다. 이 시기에 한국이 북한에 대해 단호한 정책을 취했더라면 김정일 체제는 출범도 하지 못하고 통일을 앞당길 수 있었을 것이라며 아쉬워했다.

이런 차원에서 김 이사장은 다 죽어가던 북한 정권을 살린 주요인이 한미의 정책적 오류에 있음을 강조했다. "클린턴 대통령과 김대중 대통령이 김정일 정권의 버팀목이 돼주어 그랬다."는 전 미 외교협의회 회장 하스(Richard Hass)의 발언이나, "햇볕정책 때문"이라고 가슴을 친 황장엽 씨의 말이 이를 입증한다는 것이다. 과거 10년간의 햇볕정책으로 퍼준 약 69억 달러의 막대한 재원이 붕괴하던 북한을 기사회생시켰고 '선군(先軍) 정치'로 대규모 군사력 증강과 핵개발을 가능하도록 돕는 결과를 초래했다고 통탄했다.

특히 김 이사장은 햇볕정책 아래서 핵이 개발되고 연평해전이 이어졌다는 점에서 전략적 실패였다고, 우리가 퍼주고 달랠수록 북한은 오히려 도발 역량을 키우고 새로운 도발을 준비하는 데 활용해 왔다는 점에서 햇볕정책만큼 적에게 헌신적인 정책이 어디 있는가 반문한다.

더군다나 이제 북한은 '인민의 희생'으로 만든 핵을 절대 포기하지 않으려 한다는 점에서 결과적으로 핵 개발을 도운 과거 10년간의 대북정책의 실패를 뼈아프게 반추한다. 최근 북한이 헌법에 핵 보유를 명기하고 나선 것도 이런 패착의 당연한 귀결이라는 것이다.

김 이사장은 북한의 생존전략은 다양한 도발 수단들을 이용한 '깡패외교'로 식량과 경제지원을 뜯어내고 동시에 한국 사회를 교란하며 적화통일의 기회를 엿보는 것이란 점을 주지시킨다. 특히 북한이 우리 사회의 불만세력을 부추기고 광우병 파동, 한미FTA 반대 등 '반미(反美)' 에 초점을 맞춰 사회 혼란을 조성하는 다각적인 선전전(宣傳戰)을 전개하는 것을 간접침략 전략의 일환으로 파악한다. 우리 사회가 이런 북한의 의도를 간파하고 이용당하지 않도록 경계할 필요가 있음을 강조하는 것이다.

김 이사장은 북한은 한미연합사가 존속하는 한 쉽사리 전면적 도발을 할 수 없다고 보고, 다양한 국지적 도발이나 간접적 침략 노선을 지속할 것으로 전망했다. 특히 특수전, 사이버 도발이나 국지적 테러의 가능성이 높다는 것이다. 북한이 핵으로 우리의 손발을 묶어 놓은 채 LPG나 유류, 화학 가스 저장소 등을 공격할 가능성에 경계를 늦추지 말아야 한다고 경고한다. 대규모로 인명이 살상되고 국가 재난적 피해를 입을 시설들이기 때문이다.

이런 도발에 효과적으로 대응하기 위해서 군은 물론 경찰, 국가정보원, 안전행정부 등을 아우르는 통합방위체계의 구축이 절실하다고 역설한다. 예컨대 미국의 국토안보부와 같은 기구 창설이 필요하다는 것이다. 더욱 무서운 것은 북한이 국지적 도발을 하면서 친북 좌익세력들로 하여금 적극 내응(內應)하게 하면서 '평화'를 내세워 우리의 대응 의지를 마비시키는 것이다. 이런 상투적 수법과 분열책동에 우리 국민이 더 이상 현혹되거나 반복적으로 우롱당해서는 안 된다고 그는 강조한다.

우리의 대응전략과 자유통일의 길

김 이사장은 현재의 김정은 체제를 매우 불안정하게 본다. 선군정치를 이어받아 국가폭력통치 체제를 유지하고 있으나 군, 당, 호위부

대의 3각 체제로 유지되고 있는 현재의 상황에서 확실한 주도권을 가진 세력이 없기에 집단지도체제의 붕괴 위험성이 크다는 것이다. 부시 대통령 시절 백악관 국가안보회의 아시아 국장을 지낸 빅터 차 조지타운대 교수가 '3~5년 내' 자유통일의 기회가 올 수도 있을 것이라는 취지로 발언한 것도 이런 추정에 힘을 실어준다.

우리에게 다가왔던 자유통일의 기회를 햇볕정책으로 잃어버린 우(愚)를 다시 되풀이해서는 안 된다고 강조한다. 그리고 통일 이상의 전략적 준비가 필요하다고 말한다. 자유통일을 위한 치밀한 각론을 준비할 때라는 것이다.

자유통일을 앞당겨야 할 시대적 당위성은 절실하다. 우선 탈북 동포들이 전하는 것처럼 처참한 상황에 처한 북한 동포들을 구해내어 더 이상 민족사에 죄를 짓지 말아야 한다. 두 번째는 한반도의 항구적인 평화와 번영을 위해 선결조건을 만드는 일이다.

김희상 이사장은 자유통일을 위한 가장 중요한 전략으로 우리의 강고한 의지를 든다. 자유통일에 대한 열망과 단호한 의지만이 한반도에 대해 소극적 · 방어적인 거부전략(Denial Strategy)으로 일관하는 중국에 대해 견제할 수 있다는 것이다. 또한 때로는 중국이나 미국이 한국을 달래게 만드는 유연한 벼랑 끝 전술(brinkmanship)을 구사할 필요도 있다는 데 동의한다. 즉 우리가 주도하는 상황을 만들어야 북한의 사과도 받아내고 일상적 도발을 억제할 수 있을 것이란 얘기다.

아울러 중국과의 경제협력 강화를 지속적으로 확대하고 동북3성(省)의 개발에서 협력 방안을 모색하는 등 한반도의 통일이 장기적으로 중국의 경제적 번영과 정치적 안정에도 도움이 될 수 있다는 점을 설득해 나가는 전략도 필요하다고 말한다.

그러면서도 중국과의 모든 관계는 굳건한 한미동맹의 토대 위에서 이루어져야 실효성이 보장될 것이란 점을 주지시킨다. "한미동맹을 한·중관계로 대체하면 어떠냐?"는 일각의 안이한 인식은 자칫 중국에의 예속이나 업신여김을 자초하기 십상이라는 것이다. 한미동맹은 한국의 생존과 자유통일의 핵심적 안전장치이기 때문이다.

하지만 김 이사장도 한반도의 자유통일에 중요한 기반이 되는 한미동맹의 공고성 및 지속가능성에 대해서는 확신하지 못한다. 동맹에는 본질적으로 상호 이익과 호혜적 상황의 유지가 중요한 데 그동안 한국이 미국의 동맹적 요구를 얼마나 충족시켜 왔는가에 대해 성찰할 필요가 있다는 것이다. 역지사지(易地思之)다. 우리의 이라크 및 아프간 파병이 미국 측의 기대에 크게 미치지 못해 미국 조야(朝野) 및 한미연합사 측의 불만이 고조되었던 상황을 그 예로 든다.

한미동맹 역시 국익을 최우선으로 하는 냉혹한 국제질서 속에서 바라봐야 한다는 것이다. 미국이 한반도의 전략적 가치를 어떻게 평가하느냐에 따라 한미동맹은 흔들릴 여지가 많다. 결국 한미 간에 총체적이고 긴밀한 협력이 더욱 필요하다는 점을 강조하는 것이다.

끝으로 자유통일을 앞당기기 위한 대북정책의 정립을 역설한다. 가장 중요한 것은 도발에 대한 단호한 응징의지의 유지다. 평화는 구걸해서 얻어지는 것이 아니고, 지킬 수 있는 힘을 갖출 때 지켜지는 것이고 용기 있는 자만이 참된 평화를 지킬 수 있다는 것이다.

이런 점에서 북한이 상투적으로 활용해 온, 모든 사안을 잘게 나누고 하나하나 합의할 때마다 많은 보상을 챙기는 이른바 살라미 전술(salami tactics)과 벼랑끝 외교에 더 이상 말려들어서는 안 된다고 강조한다. 이런 대화는 속임수에 불과하므로 과거 햇볕정책의 그릇된 관행을 끊어내고 왜곡된 남북관계를 바로잡아 나가야 한다는 것이다.

한편으로 북한당국이 아닌 북한 주민과 일체감을 형성해 나가는 분리적 포용정책의 필요성도 제기한다. 또한 이를 남북관계의 일시적 경색을 인내하고 남북관계를 정상화해 나가는 과정으로 이해하는 국민들의 지혜와 용기가 더없이 요구된다고 강조한다.

그의 안보인식과 진단은 매우 현실적이고 냉철하다. 그 대책과 소신에 군인 특유의 단호함이 배어있다. 그는 중국과 북한의 정치경제적 환경을 진단하고 한반도의 평화 유지와 안정을 넘어 자유통일의 꿈을 제시했다. 자유통일을 위한 대 중국 및 대북 정책의 방향을 정립하면서도 이를 뒷받침하기 위해 한미 군사동맹을 공고히 해야 한다고 말한다. 그는 프랑스의 석학 기 소르망(Guy Sorman)이 예견한, 통일한국의 폭발적 에너지가 가져올 영광된 미래에 공감하면서 적극적 대북정책을 주문하고 있다.

하지만 그가 그리는 자유통일의 여정은 험난하다. 걸림돌은 북한이 아닌 우리 사회에 있다. 암약하던 주사파 종북세력은 버젓이 제도권에 입성하여 국방, 외교, 통일정책의 기밀을 손안에 다루며 북한의 대남통일전선 전략에 내응하여 국론의 분열과 사회 혼란을 야기하려 할 것이다. 또 정략에만 눈이 어두운 일부 정치권의 부화뇌동이 국민들의 이성을 가리고 대북정책의 발목을 잡으려 할 것이다. 극히 우려스런 이런 행태는 수없이 반복되어왔다. 북한의 위협에 단호히 대처하려 하면, 국민의 의지를 결집시키기는커녕 오히려 '전쟁이냐 평화냐!'며 국민을 협박하고 선동하는 세력이 버젓이 활동하고 있다.

망자(亡子)가 지배하는 기이한 북한 체제가 한계상황에 몰리고 있는 징후는 많다. 이런 상황을 자유통일을 앞당기는 호기로 살려나가야 한다. 정치권의 각성, 국민 안보의식의 재정립, 한미동맹의 공고화, 국제외교적 안목에 기초한 일관된 대북정책이 뒷받침된다면 자유통일의 길이 그리 먼 곳에 있는 것은 아닐 듯싶다.

이 강연은 2012년 6월 18일에 열렸다. 김희상은 1945년 경남 거창에서 태어났고, 육군사관학교를 졸업하고 성균관대학교에서 정치학 박사학위를 받았다. 그는 국방대학교 총장(2000), 청와대 비서실 국방비서관, 국방보좌관, 제19대 비상기획위원회 위원장(2004~2006)을 역임하고, 2007년부터 현재까지 한국안보문제연구소(KINSA) 이사장으로 봉직하고 있다. 그는 북한의 기만적 생존전략을 간파하면서 굳건한 한미동맹을 바탕으로 한 대응전략과 자유통일의 방략을 역설했다.

6장

한미동맹의 현실과 비전

- 주한 미국대사 성 김

성 김(Sung Kim, 한국이름 김성용, 51세) 대사는 1882년 양국 수교 후 129년 만에 처음으로 한국계 미국인으로서 한국대사직(제22대)에 오른 영예로운 인물이다. 한국인의 기대와 환영을 받는 건 당연하다. 주한 미국 대사(Chief of Mission Ambassador in Korea)는 한국 근현대사의 정치적 격변기마다 일정한 역할을 했었기에, 우리에게 보통의 '대사' 이상의 의미로 다가온다.

더군다나 그가 우리의 주목을 받는 이유는 단지 혈연적 관계 때문이라기보다, 그가 정치군사 분야를 담당하면서 북한 핵 등 대북문제를 다뤄온 한국통 외교관이었다는 점이다. 또 그의 실무적 역량과 한국에 대한 깊은 이해를 바탕으로 양국 관계를 더욱 돈독하게 해줄 것으로 기대되기 때문일 것이다.

성 김 대사는 한미관계의 특수한 관계를 누구보다도 잘 체득하고 있다. 한국의 정치, 군사, 외교, 통일, 언론 분야의 주요 의사결정자와 오피니언 리더들과의 인간적 교분 또한 다각적으로 구축하고 있는 것으로 보인다. 2012년 5월 7일 한국안보문제연구소(KINSA)에서 열린 아카데미 강연이 더욱 화기애애했던 것도 비상기획위원장과 국방보좌관을 역임한 김희상 이사장(예비역 중장)과의 교분이 한 몫 한 듯싶다.

한미 관계의 현실과 미래

오래 전에 한국에 근무했던 그로서는 한국의 발전상에 감회가 더욱 새로울 수밖에 없을 것 같다. 그런 만큼 비약적인 경제 발전을 이룩하고 민주주의를 구가하면서, 유엔의 수혜국에서 이제 당당한 공여국(供與國)으로 국제사회에서 기여하는 위치로까지 성장한 한국에 대해 경탄을 아끼지 않는다.

아울러 그는 혈맹인 미국과 한국의 관계가 호혜적인 동반자 관계로 지속적으로 성숙해 왔다고 말한다. 특히 제임스 D. 서먼 한미연합사 사령관도 인정하듯 세계 군사동맹 중에서도 독특한 구조와 효과를 발휘하는 한미연합사라는 유기적인 협력체계를 유지하면서 군사적 파트너십이 강화되어 왔다는 것이다.

2015년 전시작전통제권의 전환이 예정되어 있지만, 한국군의 자주방위 및 작전 수행 능력이 크게 향상되고 있기 때문에 큰 무리 없이 추진될 것으로 보았다. 특히 100여 곳에 산재한 미군 기지를 50

여 곳으로 통폐합함으로써 한국 국민의 토지사용 기회가 확대되고, 미군의 작전 수행 능력도 효율화되는 등 효과적인 군사 억지력을 강화하게 되었다고 말한다.

성 김 대사는 한미 간 경제적 파트너십도 크게 성숙되고 있다고 보았다. 특히 한미FTA의 발효가 역사적 전기가 될 것임을 강조한다. 미국으로서는 NAFTA(North American Free Trade Agreements, 북미자유무역협정) 이후 최대의 무역협정을 맺는 것이다. 이는 양국 간의 경제 시장을 획기적으로 확대해 양국의 기업과 소비자 모두에게 긍정적 영향을 미칠 것으로 전망했다.

특히 미국이 한국의 3대 교역국이고, 한국은 미국의 7대 교역국이라는 점에서 상호 경제적 파급효과가 클 것으로 관측한다. 상품의 다양화로 선택의 폭이 넓어지고, 관세 철폐에 따른 가격 인하 효과도 클 것이란 얘기다. 물론 국제 경쟁력을 갖춘 대기업에 비해 중소기업 일부는 위기를 겪을 수도 있지만, 오히려 더 큰 도전의 기회가 열릴 것으로 전망했다.

특히 양국 간 글로벌 환경, 에너지 분야 등에서 협력이 확대될 수 있고, 글로벌 이슈에 대한 협력을 보다 효과적으로 확대해 나갈 수 있기를 희망했다. 성 김 대사는 국제사회에서 날로 위상이 높아지고 있는 한국이 이에 걸맞는 기여도 필요하다고 지적한다.

특히 APEC(Asia Pacific Economic Cooperation, 아시아태평양경제협력체), ASEAN(Association of South East Asian Nations, 동남아시아국가연합), ARF(ASEAN Regional Forum, 아세안지역안보포럼) 등 아시아 태평양 연안 국가들의 다자협력체에서 주도적 역할을 확대해 줄 것을 주문했다. 아울러 지역협력에서의 한·미·일 3자 협력의 중요성을 특히 강조했다.

그의 발언이 평범한 외교적 수사인 듯하지만, 최근 들어 미국의 저명 석학들도 G20 중견국가로 올라선 한국의 글로벌 리더십을 높이 평가하고 있다. 그런 점에서 한국이 국제무대 특히 동아시아 지역에서 지도력을 발휘해 줄 것을 요구하는 목소리가 부쩍 늘고 있는 상황을 반영하고 있는 것 같다.

사실 세계 최초로 원조 수혜국에서 공여국(供與國)으로 전환된 한국이 최근 부상하는 신흥국과 중견국가에 모범적인 국가모델로 평가받는 만큼 그에 상응하는 글로벌 리더십을 요구받는 것은 당연한 일인지도 모른다.

또한 중국이 날로 군사력을 확장하면서 미국과의 보이지 않는 대결적 압력이 커져가는 상황에서, 한·미·일 3자 협력의 중요성을 강조하는 것은 어쩌면 경제적 협력을 넘어 지역 안정과 국제안보에까지 일정부분 기여하길 바라는 것으로 이해하면 지나친 해석일까? 문제는 아직까지 점증하는 국제사회의 이런 요구에 대한 우리의 대응

자세나 준비체계가 미진하다는 점이다. 이에 대한 우리 정부의 중장기적 군사외교정책 기조의 정립이 필요하다는 점을 시사해준다.

성 김 대사는 한미간의 우호적 협력이 인적 관계에서도 광범위하게 확대되고 굳건해지는 현상을 고무적으로 바라본다. 미국에 10만 명이 넘는 한국 유학생이 공부하고 있고, 200만 명에 가까운 한국인이 직업 일선에서 일하고 있으며, 이제 연방정부나 공공기관의 공직 진출도 크게 늘고 있다고 전한다.

최근 김용 다트머스 대학(Dartmouth College) 총장이 세계은행 총재에 선출된 것도 이런 배경이 한 몫 했다고 볼 수 있다는 얘기다. 나아가 이제 한인 2세들이 미국 다국적 기업의 한국지사에 CEO나 임원으로 들어오는 사례도 늘고 있고 문화, 스포츠, 학계 등 다양한 분야에서의 교류도 활발해지고 있다고 말한다.

우리로서는 반가운 소식이다. 사실 오바마 행정부의 유색인종에 대한 비차별적 정책에도 힘입고 있지만, 한국의 국제적 위상이 제고되고 미국 한인사회에 대한 미국인들의 우호적 인식이 높아짐에 따른 현상으로도 볼 수 있겠다.

성 김 대사는 한미관계의 정책기조는 앞으로도 큰 변동 없이 굳건히 지속될 것이라며 우리를 안심시킨다. 다만, 도전적 이슈가 전혀 없는 것은 아니라고 말한다.

그가 꼽는 잠재적 이슈는 북한 문제와 한미FTA 문제다. 직접 거론하지는 않았지만 북핵 문제 등 북한 변수와 최근 우리 야권에서 제기하고 있는 한미FTA 폐기 내지 전면 재협상 주장에 대한 우려가 깔려 있는 듯하다(한미FTA의 폐기를 줄기차게 주장하던 야권은 2012년 12월 대통령 선거전에서 이를 이슈화하지 않았다. 박근혜정부 출범 이후 한미FTA 폐지나 전면 재협상 주장은 더 이상 나오지 않고 있다).

성 김 대사는 노련한 외교관답다. 그는 상당히 절제된 단어를 신중한 표현으로 사용해 섣불리 진의를 드러내지 않는다. 직업적 특성이 몸에 배인 듯하다. 이런 탓에 그의 강연은 자칫 공지된 관점의 평범한 반복일 수 있다. 청중이 주의를 기울여 곱씹어 보지 않으면 행간을 읽기가 어려운 이유이다. 직접적인 표현만을 통해 그의 인식과 관점을 포착한다면 착시이기 쉽다.

다행히 청중과의 질의응답을 통해 준비된 원고에 의한 강연보다 그의 진솔한 인식에 한 발짝 다가갈 수 있었다. 물론 단지 한 발짝만 허용한다. 날카로운 질문의 예봉을 그는 유연하게 때로 유머로 비껴간다. 짧은 순간의 행간을 포착하는 건 역시 청중의 몫이다.

미국의 대북정책 기조

한국인이 주한 미국대사에게 묻고 싶은 첫 번째 관심사는 역시 대북정책에 대한 미국 행정부의 정책기조다. 김정일은 2006년 10월 1차 핵실험을 강행해서 김대중, 노무현 정부의 햇볕정책의 지극한 정성을 허무하게 만든데 이어, 이명박 정부에 맞서 2009년 5월 2차 핵실험을 단행해서 전 세계를 놀라게 했다. 결국 20여 년 간 지속적으로 노력해온 북한 비핵화 정책이 실패로 귀착됐다.

더구나 북한은 2010년 3월 26일 천안함 폭침, 11월 23일 연평도 포격 등 충격적인 도발도 지속해왔다. 따라서 남북관계 경색의 핵심 원인이 북한의 핵 개발 및 기습 도발에 있음은 두말할 여지가 없다.

김정은은 취약한 지지기반을 강화하기 위해 선군(先軍)정치를 이어가고 있다. 이런 북한의 상황에 대해 최근 오바마 대통령도 북한을 고립시키려는 듯한 발언을 한 적이 있고, 이명박 대통령 또한 통중봉북(通中封北)을 언급한 바 있다. 물론 이런 상황인식이 잘 된 것인지의 여부는 별개로 하더라도 한미간의 어떤 '봉쇄(blockade)'적 개념의 정책 기조가 싹트고 있는 것은 아닌지 주목된다.

이에 대해 성 김 대사는 대북정책의 근본적 애로사항을 토로한다. 우선 북한 내부의 정치 상황에 대한 정보 부족으로 확정적 정책을 수립하기가 곤란한 상황이라는 것이다. 다만 최근의 미사일 발사를 포함한 어떤 유형의 북한의 무력 도발에 대해서도 국제사회와 함께 단호히 대응한다는 원칙을 분명히 했다. 다만 대화의 창구는 열어놓고 있다는 점을 강조한다. 대북관계는 복잡한 요인이 많아 단순히 '제재(sanction)'나 '봉쇄'만으로는 실효성이 떨어진다고 보는 입장인 듯하다.

그는 굳이 6자회담이 아니더라도 다양한 방식의 대화 가능성을 열어두고 있다고 말한다. 중국이 영향력을 발휘해 북한을 설득하고 태도 변화를 유도하는 등의 방식이다. 이런 기조의 실효성 여부는 북한이 진정성을 갖고 대화에 나설 준비가 되어 있는가에 달려있다. 물론 이 모든 과정에 당사자인 한국이 긴밀하게 협력할 필요가 있다고 한다. 지난 3년간 오바마 행정부는 핵문제를 포함한 대북 정책에서 철저하게 한국의 의견을 존중해 온 것이 사실이다.

최근 미사일 발사 실패 이후 북한의 3차 핵실험 가능성이 대두되고 있는 시점에서 미 · 북 핵무기 협상의 실효성에 의문이 제기된다(북한은 2013년 2월 12일 3차 핵실험을 강행했다). 체제 유지의 중요한 수단으로 핵무기 개발을 추진해 온 북한 정권은 그동안 수많은 실리를 취하면서도 핵무기 개발을 포기하지 않았다. 이는 햇볕정책은 물론 어떤 경제적 이익 제공으로도 북한의 핵 개발을 저지하지 못한다는 것을 웅변해 준다.

이런 선택 카드의 결핍에 대해 미국 역시 곤혹스럽긴 마찬가지인 듯하다. 성 김 대사는 북한의 완전한 비핵화가 목표임을 분명히 한다. 하지만 유효한 정책 수단이 없는 상태에서 핵무기 보유량의 증가 속도를 지연시키고, 보유 플루토늄의 양을 줄여나가는 것도 작은 성과로 볼 수 있다는 입장이다. 영변 핵시설 냉각탑 폭파와 플루토늄 처리시설을 폐쇄시킨 것도 이런 정책 기조를 강화해 나가겠다는 메시지로 상징성(symbolism)이 있다는 얘기다.

하지만 성 김 대사 발언의 행간을 보면, 북핵 문제에 대한 적극적 대응 의지보다는 더 큰 이슈로 진전되지 않도록 '관리(management)'해 나가겠다는 오바마 행정부의 정책기조가 읽힌다. 근본적 해결이 어려운 만큼 더 이상 상황이 악화되는 것만큼은 막겠다는 전략이 아닐까?

이는 당시 연말로 다가온 대선에서 재선을 노려야 할 오바마 대통령으로서는 아직 완전하게 회복되지 못한 국내 경제문제에 보다 집중해야 할 상황이기 때문이다(오바마 대통령은 2012년 11월에 재선에 성공했다). 또 현실적으로 취임 초기부터 유지해온 '전략적 인내(strategic patience)' 정책이 실효를 거두지 못하고 2차 핵실험과 우라늄농축프로그램 설비 공개 등 악재만 초래한 데 따른 전략적 변화로도 볼 수 있다.

문제는 이런 오바마 행정부의 전략적 곤경을 북한이 훤히 꿰뚫어 보고 있다는 점이다. 특히 한국과 미국, 중국의 지도부가 교체되는 올 하반기에 북한의 기습적 도발에 대한 신속한 연대 및 대응이 취약할 것이라고 오판할 수 있다는 것이다.

하지만 아무리 미국에게 국내 현안이 다급해도 북한의 추가 핵실험이나 새로운 유형의 무력도발이 가벼운 문제는 아니다. 미국의 공화당 유력 후보들도 북한 핵문제에 있어서는 매우 강경한 입장을 갖고 있고, 오바마 대통령이 재선에 성공할 경우 북한 핵 문제에 대해 지금까지의 정책 부진을 만회하기 위해 보다 강력한 대응책을 들고 나올 가능성도 배제할 수 없다.

아울러 한국의 경우 천안함 폭침과 연평도 포격 도발에 대한 국민적 공분(公憤)이 높고, 군의 응징 의지와 대응책도 충분한 만큼 북한의 추가 도발 시 도발 원점과 그 이상에 대한 심각한 타격을 가할 수도 있다.

그런데도 북한은 장거리 미사일 발사 실패 이후 인민군 최고사령부 특별작전행동소조 이름으로 '한국 초토화'를 운운하며 끊임없이 무력 도발을 위협하고 있다. 북한의 3차 핵실험의 가능성에 비정규적 도발 가능성까지 높아지고 있는 상황이다. 이를 사전에 탐지하고 적절하게 대응할 방안은 없을까. 이 또한 우리 국민의 관심사 중의 하나다.

미국도 북한의 이런 도발 가능성에 대해 예의주시하고 있는 듯하다. 하지만 성 김 대사의 토로대로 북한의 행동이 워낙 예측 불가능하고, 핵실험 준비과정 자체가 대부분 지하에서 이루어져 사전 탐지가 어려워 곤란을 겪고 있는 듯하다. 북한의 폐쇄성으로 영상정보와 신호정보에 대부분 의존할 수밖에 없는 정보수집체계의 한계로 이해된다.

북한의 내부 문제에 대한 미국의 시각은 어떤가? 김정일은 주체사상과 선군정치를 정권 유지의 양대 기둥으로 활용해 왔다. 김정일의 경우 충분한 세습 준비과정을 통해 군부와의 관계를 우호적으로 만들었고, 적절한 채찍과 보상으로 군부를 장악했던 것으로 알려졌다.

하지만 김정은의 경우 김정일에 비해 여러 측면에서 군부 장악력이 미흡할 것으로 보여 체제 존속 및 권력 유지에 불안정성이 높은 것으로 관측되기도 한다.

이에 대해 성 김 대사는 김정은의 군부 통제력이 어느 정도인지를 파악하긴 어렵다면서도, 2008년 김정일의 뇌졸중 발병 이후 김정일 사후를 대비한 김정은 세습 준비가 본격적으로 이루어졌고 권력 승계도 어느 정도 원활하게 이루어진 것으로 판단하고 있다. 특히 김정은이 군부 지지의 중요성을 잘 알고 있는 만큼 선군정치의 노선을 계속 강화해 나갈 것으로 보았다.

그런 만큼 강경 군부의 충성 경쟁 과정에서 충동적 군사도발의 가능성도 상존한다. 한미간 긴밀한 공조체계의 필요성이 그 어느 때보다 중요한 이유다. 성 김 대사는 그렇다고 북한의 다양한 도발 시나리오에 상응한 응징 시나리오를 사전에 만들어 놓기도 어렵다고 말한다. 도발의 양태에 따라 다양한 옵션이 필요하기 때문이다.

더구나 도발 양태별로 단호한 단계적 대응 시나리오를 천명할 경우 자칫 전략과 전술의 사전 노출로 도발자의 역선택을 불러올 수 있고, 실제 북한의 도발을 억제하는 효과를 발휘하기도 어렵다. 특히 국제적 규범을 무시하기 일쑤이고, 합리적 정책결정 패턴을 전혀 갖고 있지 않아 다루기가 매우 까다로운 북한과 같은 상대에게는 무엇보다도 유연한 대응전략과 전술이 중요하다는 얘기다.

한반도는 준전시(準戰時)와 같아서 평시에도 '데프콘 4(Defcon: Defense Readiness Condition)'를 유지하고 있다. 군사력에 모든 것을 걸고 있는 북한과 대치하고 있는 우리에게 가장 중요한 관리전략은 억지(deterrence)전략이다. 이를 위해 혈맹인 미국과 굳건한 군사동맹을 유지하는 것은 필수불가결한 요건이다.

성 김 대사의 2시간 정도의 강연과 대담을 통해 미국의 대(對) 한국

외교정책 및 대북정책 등에 대한 기조의 일단을 살펴볼 수 있었다. 성 김 대사가 대변하듯 요즘처럼 한미간의 협력이 긴밀한 적도 드문 것 같다. 그가 한반도의 평화정착과 통일을 향한 대장정에서 친한(親韓) 외교관을 넘어 미국의 국익과 한국의 국익을 조화롭게 추구하는 큰 인물이 되길 소망해 본다.

영국의 해롤드 니콜슨(Harold Nicolson)은 그의 명저『Diplomacy』에서 외교관의 7대 덕목(virtues)으로 '진실성, 정확성, 인내심, 침착성, 좋은 성품, 겸손, 충성심(truthfulness, precision, perseverance, calm, good temper, modesty, loyalty)'을 들었다. 성 김 대사와의 짧은 만남을 통해서 그의 진실성과 침착성, 겸손함을 느낄 수 있었다는 점은 이런 희망을 갖게 한다.

이 강연은 2012년 5월 7일에 열렸다. 성 김(Sung Kim)은 1960년 서울에서 태어나 런던 정치경제대학교에서 법학 석사학위를 받았다. 그는 LA 카운티 지방검찰청 검사, 미국 국무부 한국과 과장(2006~2008), 부차관보, 북핵 특사를 거쳐 2011년부터 주한 미국대사관 대사로 봉직하고 있다. 그는 한반도 국제정세 및 한미관계를 진단하고, 미국의 대북정책의 기조와 한미 협력 방안을 제시했다. 이 강연 이후인 2012년 11월에 오바마 대통령은 재선에 성공했고, 성 김 대사가 예측한 대로 한반도 외교정책의 변화는 없었다. 다만, 우려했던 대로 북한은 2013년 2월 12일에 3차 핵실험을 강행했고, 한국과 미국 그리고 우방국들은 북한에 대한 규탄과 제재에 유기적으로 공조했다.

7장

한·중·일 불안한 삼각관계, 외교전략의 방향

- 전 외무부장관 한승주

최근 동북아의 정세에 격랑이 일고 있다. 댜오위다오(센카쿠)를 둘러싼 중국과 일본의 영토분쟁이 첨예하게 진행되고 있고, 일본과 한국 사이엔 독도 문제로 해묵은 대립이 다시 불거지고 있다. 문제는 동북아 삼국 사이의 긴장과 대립이 단순히 영토 주권의 충돌로 야기된 것이 아니라는 점이다.

중국의 급격한 굴기와 한국의 점진적 부상에 서서히 위력을 잃어가는 일본의 국력이 서로 부딪히며 만들어내는 큰 흐름일 수도 있다는 점에 주목해야 한다. 여기에 3대 세습이 이루어진 가운데 핵무기를 개발하는 북한이라는 변수까지 덧붙여져 동북아 4국이 만들어내는 소용돌이가 각국의 국가 진운에 어떤 영향을 미칠지 가늠하기 어렵게 만들고 있는 상황이다.

한승주 전 외무부장관은 이런 상황을 '불안한 삼각관계(uneasy triangle)'로 표현했다. 강대국 중국과 일본 사이에 위치한 한국은 정치 경제적, 군사외교적 전략의 총체적 재정립을 요구받고 있다. 따라서 한·중·일 삼국 사이의 미묘한 관계 변화의 맥락을 정확히 짚어내는 일은 국가지도자와 사회지도층 모두에게 긴급한 현안이기도 하다.

2012년 10월 8일 한국안보문제연구소(이사장 김희상)에서 열린 KINSA 아카데미 강좌에서 한승주 전 장관의 특강이 관심을 끈 것도 이런 기류와 무관치 않다. 한 전 장관은 특강을 통해 한·중·일 삼국 관계가 갈등과 분열로 치달을 것인지, 아니면 견제와 균형 속에 안정을 찾을 수 있을 것인지 예측하면서 한국이 취해야 할 바람직한 외교적 전략을 숙고하게 했다.

한·중·일 삼국의 국력과 관계의 변화

한 전 장관은 한·중·일 삼국의 관계 변화의 의미를 탐색하기 위해 먼저 각 분야별 국력을 가늠할 수 있는 여러 지표를 활용해 삼국의 현황을 비교해 준다. 2011년 기준 인구규모는 중국 13억 4,000만 명, 일본 1억 2,600만 명, 한국은 4,800만 명이다. 중국은 한국의 28배, 일본의 거의 11배쯤 되는 엄청난 인구 대국이다.

경제력의 척도인 GDP는 2011년 기준, 중국이 약 7조 3,000억 달러로 약 5조 9,000억 달러인 일본을 세계 3위로 밀어내고 당당히 세계 2위로 올라섰다. 한국은 약 1조 1,000억 달러로 세계 15위이지만 일본의 5분의 1, 중국의 7분의 1수준에 불과하다. 하지만 1인당 GDP는 일본이 약 4만5,000 달러로 세계 18위, 한국이 약 2만 2,000 달러로 24위이지만, 중국은 약 5,400달러, 84위로 많이 뒤쳐진다. 전 국민의 평균적 삶의 수준으로 보면 중국은 개발도상국가 수준인 셈이다.

외환보유고는 중국이 약 3조 2,400억 달러로 세계 1위, 일본은 약 1조 2,700억 달러로 2위, 한국은 중국의 10분의 1수준인 약 3,100억 달러로 8위에 올라있다.

연간 투자 국방비는 2010년 기준, 중국이 약 1,400억 달러로 세계 2위, 일본이 약 590억 달러로 6위, 한국은 약300억 달러로 12위, 중국의 5분의 1수준이다.

외형적 지표만으로 보더라도 중국이 거대한 영토와 인구를 가진 대국으로서 경제적 국부(國富)의 총량이 확고하게 G2 수준으로 올라섰음을 알 수 있다. 하지만 중국 인구의 28분의 1에 불과한 한국 또한 소국임에도 불구하고 만만치 않은 경제력을 갖춘 국가로 성장했다.

가장 충격적인 변화는 일본이 GDP 세계 2위의 자리를 중국에 내주었다는 점이다. 더 중요한 것은 이러한 지표상의 추세가 앞으로도 더 나타나리라는 점이다. 이는 삼국 간 관계 변화의 중요한 영향요인이 될 것이 분명하다. 작금의 동북아의 격랑도 이런 관계 변화의 징표의 하나에 다름 아니다.

한·중·일 제1 현안 북핵문제

한승주 전 장관은 한·중·일 삼국간의 관계 변화에 가장 큰 영향을 미치는 핵심변수로 북핵문제와 영토분쟁을 들었다. 따라서 이 두 가지 갈등요인에 대한 삼국의 입장을 이해하고 전략을 간파하는 것은 한국의 외교적 좌표 설정에 앞선 선결과제이다. 잠시 북핵문제의 진전과정을 살펴보자.

북한이 1992년 영변 핵반응로에서 플루토늄을 추출하면서 1차 북핵문제가 야기되었다. 김대중 정부 시기인 2003년 1월 10일 북한이 핵확산금지조약(NPT: Nuclear Nonproliferation Treaty)의 탈퇴를 선언하면서 제2차 북핵문제가 대두되었다. 이후 진행된 수차례의 6자회담을 통해 이해당사국들이 한 목소리로 비핵화 원칙 및 평화적 해결을 촉구했지만 북한은 여전히 핵개발을 포기하지 않았다.

오히려 햇볕정책으로 대폭적 대북경제지원이 이루어지던 노무현 정부 시기인 2006년 7월 5일에 북한은 미사일 시험 발사를 강행하였고, 급기야 2006년 10월 9일에는 핵실험을 강행하여 우리 국민을 경악하게 했다. 이에 대해 국제연합(UN: United Nations)에서 안전보장이사회 결의로 강력히 규탄했지만 마이동풍(馬耳東風)이었다.

이후 2007년 10.3 합의로 핵시설 불능화가 진행되면서 중유 제공 등 대북 경제·에너지 지원이 이행되었다. 하지만 미국의 테러지원국 해제 발효 보류에 반발한 북한이 2008년 8월 핵시설 불능화 조치를 중단하고 영변 핵시설을 원상 복구하겠다고 일방적으로 발표했다. 이어서 2008년 10월 미국이 북한에 대한 테러지원국 지정 해제 조치를 발효했고, 북한은 2008년 10월 12일에 핵 불능화 조치를 재개한다고 했다. 이렇게 미국과 북한의 핵시설 검증 및 제재 조치를 둘러싼 줄다리기는 계속됐다.

결국 북한은 벼랑끝 전술로 실리를 얻어냈다. 이 와중에도 북한은 핵개발 의지를 감추지 않았다. 북한은 2009년 4월 5일 장거리 로켓을 발사하였고, 4월 14일에 6자회담 거부 및 합의 파기와 핵시설 원상복구 및 재처리 실시 계획을 발표했다. 이어서 2009년 4월 29일에는 안전보장이사회가 사죄하지 않을 경우 핵실험 및 대륙간 탄도미사일 시험 발사를 강행할 것이라고 협박했고, 결국 북한은 2009년 5월 25일에 제2차 핵실험을 실시하여 전 세계를 놀라게 했다.

북한은 핵개발 이외에도 끊임없이 서해의 NLL(Northern Limit Line)을 침범했고, 2010년 3월 26일 저녁 서해 최북단의 도서인 백령도

근처 해상에서 우리 해군의 초계함인 천안함을 기습적인 어뢰공격으로 폭침시켜 46명의 소중한 우리 병사를 희생시켰다. 11월 23일에는 서해 전방도서인 연평도의 우리 해병대 기지와 민간인 마을에 해안포와 곡사포로 무차별 포격을 퍼부어 병사와 민간인 4명이 사망하고 26명이 부상당하는 참극이 있었다.

북한이 핵개발 중단 의사를 전혀 보이지 않는 가운데 현재 교착상태에 빠진 북핵문제에 대해 한·중·일 삼국은 어떻게 대응해 나갈 것인가? 한 전 장관은 북한이 NPT 탈퇴 선언을 한 1993년 3월 이전인 1992년 11월 자신이 직접 청취한 북핵문제와 관련된 미국 의회 증언에서 나온 미국의 견해를 소개한다.

당시 미국은 북핵문제에 3가지 해법을 검토했다고 한다. 외교적 해결 방안이 첫째요, 핵시설 폭격론이 두 번째로 제기되었고, 존 위컴 주한미군 사령관은 두 가지 방안을 모두 병행하는 제3의 해법을 주장했다는 것이다.

이렇듯 미국이 무력 사용의 가능성까지 열어두었던 것은 북한이 핵무기를 보유할 경우 한반도를 둘러싼 군사적 균형을 파괴시켜 직접적으로 한미동맹에 부담을 가중시키고, 특히 한국과 일본 내부의 핵무장 압력을 높일 것을 우려했기 때문이다. 중국의 입장도 편할 수만은 없다. 북한의 미사일 공격 능력은 중국에도 위협이 될 수 있기 때문이다. 결국 미국과 한·중·일 모두에게 북한의 핵무기 개발은 큰 짐이 될 수 있다는 점에서 공동의 외교적 현안이 될 수밖에 없었던 듯하다.

북핵문제에 대한 중국의 관점

그럼에도 중국은 자국에 위협이 될 수 있는 북핵문제에 대해 이중적 태도를 보여 왔다. 2006년 10월 9일 북한이 1차 핵실험을 강행한 지 10여일 후 평양을 방문했던 한 전 장관의 경험담에서 북한의 태도와 중국의 반응을 엿볼 수 있다.

당시 주변국은 북한의 1차 핵실험을 실패로 규정했지만, 북한 전역에서는 축하대회를 여는 등 축제 분위기가 조성되고 있었다고 한다. 당과 군부 인사들 사이에 미국이나 중국 등 외부 세력과 경쟁하게 되었다는 자부심이 넘쳤고, 중국에 대한 보이지 않는 미묘한 반감과 적개심도 존재하고 있음을 확인할 수 있었다는 것이다.

한 전 장관은 북한과 중국이 모든 부문에서 밀착되어 있을 것으로 보는 우리의 일반적 견해와 달리, 중국정부에 북한지도부가 갖고 있는 부정적인 태도 또한 적지 않다는 점을 환기시킨다. 흥미롭게도 북한의 이런 기류를 중국 역시 의식하고 있다는 것이다.

북핵문제에 대한 중국의 입장은 어떤가? 한 전 장관은 중국이 양면적 태도를 취하고 있다고 본다. 즉 북한 견제와 옹호의 입장이다. 중국이 북핵문제에서 미국이나 한국이 주문하는 강경책을 쓰지 못하고 미온적으로 대응하는 이유는 크게 두 가지이다.

첫째 북한 정권이 붕괴될 경우 북한 난민의 대규모 유입이 중국 사회에 불안을 조성하지 않을까 경계하기 때문이다. 두 번째는 한반도의 통일을 진심으로 바라지 않기 때문일 수도 있는 것으로 추정한다.

북경을 위협할 만큼의 북한 미사일 능력의 향상과 핵무기 개발은 중국의 안보에 위협 요인이 된다는 점에서 중국 역시 기본적으로 북핵 포기를 희망한다.

하지만 북한 붕괴 등 다른 요인이 중국의 안정을 위협하는 등 자신들의 목표와 상충할 때는 북한의 입장을 옹호하려는 이중적 태도를 보인다는 것이다. 북한 옹호가 자신들의 대 북한 영향력 유지에 도움이 되고, 국익에 보탬이 될 때에는 북핵문제에 대한 적극적 개입 요청에 미온적일 수밖에 없다는 얘기다.

하지만 중국이 북한을 대하는 태도에 변화도 보인다. 중국의 관심사는 자국의 안정 유지이므로 북한의 도발을 억제할 유인도 충분한 셈이다. 이런 차원에서 북한의 도발을 억제하는 것이 중국의 국익에 도움이 될 수 있다고 중국 나름대로 판단한 결과, 한편으로는 북한을 옹호하면서도 일정 수준에서는 북한을 통제하는 억지력을 발휘해 왔다고 볼 수 있다.

다만 한 전 장관은 천안함 폭침 도발과 연평도 포격 도발은 중국이 전혀 예측하지 못한 가운데 빚어진 것으로 보았다. 즉 북한에 대한 통제력이 전혀 발휘될 수 없었던 상황이었던 셈이다. 중국이 김정일 사망 이후 북한 단속에 적극적으로 나선 이유도 이와 같은 맥락으로 이해할 수 있다.

하지만 당장 북한이 핵무기 개발을 확대하지 않는 한 비핵화 문제는 시간을 두고 지켜보자는 입장인 것으로 파악된다는 것이다.

북핵 문제에 대한 일본의 관점

북핵 문제에 대한 일본의 관점은 어떤가? 일본은 북한의 에너지 지원 방안으로 추진된 경수로 건설 지원에서 미국, 한국, EU와 함께 공동 분담에 참여했고 10억 달러를 투자하는 등 북한의 비핵화를 위해 노력해 왔다.

하지만 한 전 장관은 북한의 계속된 핵무기 개발 움직임에도 일본이 이런 사태를 자국의 핵무기 개발 구실로 이용하고 있지는 않다고 본다. 비록 6자회담에서 일본의 입장이 상대적으로 실효적이지 못했다는 아쉬움이 있지만, 더 이상의 자금 부담 등 역할 확대는 선호하지 않으면서 다자 협상 테이블에 참여하는 데 의미를 두고 있다는 것이다.

한국의 입장은 두말할 나위 없이 우리의 생존을 위협하는 비대칭 무기인 북한의 핵무기를 폐기하여 한반도의 평화유지를 담보하는 것이다. 이를 위해 미국, 중국, 일본, 러시아 등 주변국들이 북한의 무모한 도발을 효과적으로 억제해 주길 기대한다. 하지만 한·중·일 삼국의 입장은 미묘한 차이가 있고, 각국의 행태 또한 겉과 속을 가늠하기 어렵다.

한 전 장관은 중국이 기본적으로 북핵문제와 북한 문제에 대해 적극적으로 억제력을 발휘하고 있음을 한국에 자주 강조한다고 본다. 이를 통해 북한을 옹호하는 속내가 보이지 않도록 유의하는 태도를 취하고 있다는 것이다.

여기에는 미국의 압박도 상당부분 작용하는 듯하다. 한 전 장관은 부시 전 대통령과 강택민 전 중국주석, 후진타오 중국주석 사이의 일화를 설명하면서 중국 지도층의 태도를 가늠하게 해준다.

부시 전 대통령의 회고록에 의하면, 부시 대통령이 중국의 강택민

주석에게 북한에 영향력을 행사해 달라고 요청하면 강 주석은 “북한에 대한 억제력을 발휘하기 어렵다.”며 한발 물러선다는 것이다. “그렇다면 미국 입장에서는 북한에 무력행사라도 할 수밖에 없는 상황을 검토하지 않을 수 없다.”는 식으로 은근히 암시하면 강 주석은 그때서야 적극적 태도로 나오면서 “북한에 대해 노력하겠다.”고 약속하더라는 것이다. 이런 행태는 후임 주석인 후진타오에게서도 동일하게 나타났다고 한다.

문제는 미국의 압박과 대응도 이제 약발이 떨어졌다는 점이다. 김대중 정부시절 주한 미국대사였던 스티븐 보스워스(Stephen Bosworth)가 최근 북핵문제와 관련하여 “미국도 할 만큼 했다.”고 말한 것도 북핵 해법의 한계를 드러낸 미국의 조야(朝野) 분위기를 반영한다. 미국도 한국과 중국이 주도적 자세를 보이며 일정 역할을 맡는 것을 기대하는 등 소극적 태도를 보이고 있는 상황이다. 북한 역시 김정은 내부 체제 굳히기에 여념이 없는 상황이어서 당분간 현 상태가 유지될 듯싶다.

뜨거운 감자, 한·중·일 영토분쟁

두 번째 한·중·일 삼국 간의 최근 빅 이슈는 영토분쟁이다. 한 전 장관은 영토분쟁이 전에 없이 뜨거워진 이유를 중국의 부상에서 찾는다. 중국 공산당은 1949년 정권 수립 후 내부 문제에 치중해 왔었지만 경제적 발전, 군사적 성장과 함께 국가 체제의 기틀이 잡히고 5세대 지도자의 집권을 앞둔 시점에서 그동안 내부에서 축적되어온 민족주의의 기운이 분출하고 있다고 본다.

한승주 전 장관은 중국 공산 정권 자체가 민족주의의 이념적 토대로 이루어진 만큼 국가 부흥과 함께 민족주의가 발흥하게 된 것은 당연한 귀결이라고 본다. 즉 중국 공산당은 평등이념에 기초한 게 아닌, 반일 민족주의를 토양으로 한다는 것이다.

최근의 반일 시위에 모택동 초상화가 등장하는 것이 기이하게 보일지 모르지만, 여러 실책에도 불구하고 중국인들에게 모택동은 여전히 민족주의의 상징으로 기억되고 있음을 시사한다.

중국은 동중국해 및 남중국해에서의 영토분쟁에서 일본과 동남아시아 여러 나라가 중국에 대항적 자세를 취하는 것은 미국의 '아시아 회귀(pivot to asia) 정책'의 영향이라는 시각을 갖고 있다고 한다. 미국의 암묵적 지지가 중국과의 영토분쟁 국가들의 뒷심 역할을 한다는 것이다. 한 전 장관은 이런 맥락에서 중국이 영토분쟁에서 타국에 양보하게 될 경우, 이를 미국에 대한 양보로 여기는 인식이 영토분쟁을 더욱 뜨겁게 만드는 요인이 되고 있다고 본다.

결국 동아시아의 영토분쟁이 미국과 중국의 양대 패권국가의 대결적 의미를 갖게 되면서 중국이 더욱 강경한 입장을 취하는 듯싶다. 중국이 최근 댜오위다오(센카쿠)를 둘러싼 영토분쟁에서 일본을 강하게 압박하는 것도 미국은 물론 다른 영토분쟁 당사국들에 대한 자신들의 정책 의지를 확실하게 보여주려는 의지가 깔려 있다는 것이다.

우리 또한 중국이 힘으로 밀어붙여 일본을 길들이는 과정을 잘 지켜보았다. 남의 일 같지 않다. 중국이 언제 우리의 이어도를 동일한 방식으로 넘볼지 모르기 때문이다.

우선은 독도가 발등의 불이다. 우리는 일본과 독도를 두고 갈등을 겪고 있다. 오랜 역사에 걸쳐 독도를 실효적으로 지배해왔던 우리로서는 황당한 일이지만 독도 영유권을 주장하는 일본의 야심은 매우 집요하다.

일본이 독도를 자기네 땅이라고 주장하는 논거는 이렇다. 독도는 1849년 서양인들이 '리앙쿠르'라고 명명한 상태로 있었고, 일본 내각은 1905년 1월 무주지(無主地)였던 '다케시마(독도)'를 시네마현으로 편입시켰다. 또한 1951년의 샌프란시스코 조약에서 일본이 조선의 독립을 승인하면서 포기한 '조선'의 모든 권리, 권언 및 청구권 속에 '독도'가 포함되지 않았다는 것이 미국기록공개문서 등에 나타나 있다는 점을 강조한다.

하지만 일본이 강제 편입할 당시 독도를 무주지(無主地)로 본 전제 자체가 어불성설이다. 조선은 수백 년 동안 공도(空島)정책으로 울릉도와 부속도서에 사람이 살지 않도록 했었다. 하지만 이는 국민의 안전 또는 외적의 침략에 이용당할 가능성을 배제하기 위한 국방상의 필요에 의해 취해진 조치다. '공도정책' 자체가 영유권을 적극적으로 실현하는 한 방식이며, 곧 실효적 지배권이 행사되고 있었음을 의미한다. 조선의 의도적인 공도정책의 상황을 일본이 무주지의 근거로 보는 건 억지에 불과하다.

독도가 오랜 옛날부터 우리 영토라는 많은 증거는 차지하더라도, 해방 이후의 법률적 근거도 확실하다. 1946년 1월 맥아더 사령관은 훈령 677호로 독도에 대한 일본의 정치상 혹은 행정상의 권력 행사를 잠정적으로 정지시켰다. 나아가 일본 어선의 조업구역을 규정한 맥아더 관련문서(1946년 1033호)에도 독도가 빠짐으로써 한국의 지배권을 뒷받침했다. 이후 한국은 1952년 1월 18일 이승만 라인에 의해 독도의 실효적 지배를 확실하게 정립한 후 지금에 이르고 있다.

하지만 일본은 "일본이 연합군 통치 아래 있을 때 한국이 일본 영토를 불법 점거한 것인 만큼 국제사법재판소에 함께 제소하여 해결하자."는 입장을 굽히지 않고 있다. 나아가 독도 문제에 관여했던 미국이 일본의 견해를 수용해 줄 것을 압박하고 있다.

어쨌든 일본은 댜오위다오(센카쿠)를 국제 분쟁 지역화하려는 중국의 전략에 말려 힘에서 밀리는 형국이다. 일본은 1945년 종전과 함께 승전국 러시아에게 쿠릴열도를 빼앗긴 바 있다. 러시아는 군히기 전략을 고수하고 있고, 독도는 한국이 확고하게 실효적 지배를 유지하고 있다. 한마디로 일본은 영토분쟁에서 사면초가(四面楚歌)의 형국에 빠졌다. 그나마 만만한 게 한국이니 유독 독도 문제에 대해서 일본 정치인과 국민들이 목소리를 더 높이는 듯하다. 한 전 장관은 일본이 영유권 문제를 대하는 관점 자체가 딜레마(dilemma) 상황이라고 본다. 센카쿠의 영유권을 주장할 때에는 자신들의 실효적 지배를 중요한 잣대로 활용하면서, 한국이 실효적으로 지배하고 있는 독도를 문제 삼는 자체가 자기모순이라는 얘기다.

특히 한 전 장관은 일본 정부는 한국과 중국의 시각을 이해할 필요가 있다고 말한다. 과거 일본제국주의의 힘으로 조선과 중국을 위압하며 펼치던 영토적 야욕이 최근 영토분쟁의 단초가 되었다는 한국과 중국의 인식이 그것이다.

최근 일본 국민들의 인식 변화와 정치인들의 행태 또한 우려할 만하다고 한다. 40~50대의 경우 일본의 군국주의를 경험하지 못했기 때문에 과거 일제가 주변국에 저지른 만행과 위안부(성노예) 문제 등에 대해 원죄의식이 엷어져, 얼마나 더 사과해야 되느냐는 반발의식이 높아지고 있다는 것이다. 게다가 정치적 목적으로 영토분쟁에서 강경한 국민정서를 자극하려는 정치인들의 행태가 문제를 더욱 심각하게 만들고 있다.

일본인의 인식 변화는 한국인의 인식과 괴리를 더욱 벌어지게 하는 것 같다. 일본인은 일본 천황이 한국인에게 과거사를 사과하면서 '통석(痛惜)의 염(念)'이란 말로 '통절한 반성과 사죄'를 표했다고 생각했다. 하지만 한국인에겐 모호한 수사적 표현으로 받아들여질 뿐이었다. 즉 마음에 와 닿는 사과는 아니었다는 정서가 주류인 것이다.

최근 일본의 일부 지식인들이 일본 국회에 반성을 촉구하는 호소문을 발표하기도 했다. 우리에게 널리 알려진 노벨문학상 수상자 오에 겐자부로(大江健三郎), 모토시마 히토시(本島等) 전 나가사키 시장 등 1,270명이 서명에 참여했다. 일본에 양심적 지식인들이 살아있다는 증거로 반가운 일이었다. 한·중·일 모두 편협한 국수주의(國粹主義)에 사로잡히지 않은 이런 올곧은 지식인들의 노력이 절실한 때이기도 하다.

동북아 정세와 한국의 외교전략

한승주 전 장관은 앞서 살펴본 동북아 각국의 총체적인 상황과 국제 정치외교적 관점을 함축적인 영문 용어로 표현했다. 짧은 구절에 예리한 통찰이 담겼다.

1. Rising China(부상하는 중국)
2. Normalizing Japan(보통국가화하는 일본)
3. Returning Russia(돌아오는 러시아)
4. Rebalancing USA(재조정하는 미국)
5. Pendulum SK(시계추 한국)
6. Priority Resetting NK(우선순위를 재설정하는 북한)

최근 각국이 처해있는 상황과 전략적 방향의 특징을 잘 나타내고 있다. 다만 한국의 방향성이 안타깝다. 정권에 따라 진보와 보수의 정책 지향을 시계추처럼 오가는 상황이 반복되고 있다. 앞으로도 미국, 중국, 한국의 통수권자가 교체되는 시기를 맞아 각국과의 관계 향방에 영향이 있을 듯싶다. '시계추'라는 말이 강대국들과 북한 사이 정치외교적 어려움에 처해 있는 한국의 애처로운 현실을 상징하는 듯하다.

한 전 장관은 주변국 지도자의 교체기에는 어느 나라도 강력한 리더십을 발휘하기가 어려운 만큼, 중국과 일본이라는 강대국 사이에 낀 한국으로서는 강대국 사이에 끼어있는 폴란드가 취하는 균형외교 전략을 반면교사(反面教師)로 삼을 필요가 있다고 말한다.

폴란드는 과거 국방력, 경제력을 갖추지 못한 상태에서 독일과 러시아 사이에서 어설픈 균형외교(equal diplomacy)를 추구하다 2차 대전과 그 이후 양국 모두에게 유린당하는 쓰라린 실패를 경험했다. 하지만 80년대 이후 프랑스, 독일, 러시아와 우호조약을 체결하고 미국과 전략적 제휴관계를 강화하여 이라크 전쟁 시 미국, 영국과 더불어 파병 3대 세력이 되는 등 세계적 이슈에 적극적으로 개입하여 국제 정치적 위상을 제고하고 있다. 최근 폴란드 균형외교가 한국에서 주목받고 있는 것도 같은 맥락이다.

한승주 전 장관은 한·중·일 삼국이 만들어내는 복잡 미묘한 국제관계 정세 속에서 한국이 추구해야 할 외교 전략으로 일곱 가지를 제시했다. 이 전략들은 한 전 장관 개인이 당위론적으로 주장하는 것이라기보다 한국 내에 존재하는 견해들을 종합적으로 정리하는 차원으로 볼 수 있다. 한 전 장관의 정치외교적 경륜과 통찰이 담겨 있음은 물론이다.

첫째, 균형자(Balancer) 역할이 필요하다. 18세기 영국이 유럽 대륙의 강성세력들 사이에서 균형자 역할을 수행한 적이 있는데 이를 참조할 필요가 있다는 것이다. 필자도 균형자 역할의 당위성에 공감한다. 다만 노무현 대통령의 균형자 외교론이 실패한 요인을 분명히 기억할 필요가 있다. 당시 균형자 외교론은 균형자 외교의 전제 조건을 전혀 충족하지 못한 상태에서 나온 것이었다. 즉, 현실과 유리된 이상적 선언에 불과했다.

케네스 월츠(Kenneth N. Waltz)는 균형자 외교론이 효과적으로 기능할 수 있는 3가지 조건을 제시한 바 있다. 핵심을 요약하면 첫째, 다른 강대국의 힘의 우위가 압도적이어서는 안 된다. 다시 말해 균형자의 역할로 주변국 간의 실제적 균형을 만들어 줄 수 있는 상태여야 한다는 얘기다. 둘째, 균형자가 대립적 국가들과 이해관계가 깊지 않아야 한다. 편 가르기가 될 수 있기 때문이다. 셋째, 균형자의 국력이 대립하는 가장 강력한 국가에 필적할만한 것이어야만 한다. 대립하는 국가들보다 열등한 국력으로는 균형자 역할을 할 수 없다는 의미다. 이런 균형자의 조건에 비추어보면 한국이 한·중·일 삼국 사이에서 균형자 역할을 하기에는 아직 여러 영역에서 조건이 성숙되지 않았다고 생각된다.

둘째, 등거리 외교(Equi-Distance)를 추구할 필요가 있다. 중국과 일본 어느 나라에 치우치지 않고 중립을 지향해야 된다는 것이다.

셋째, 대륙국가인 중국과 해양국가인 일본의 지향을 적절하게 수용해 나갈 필요가 있다(Tilting to One or The Other). 대륙국가와 해양국가의 양면성을 갖고 있는 한국의 지정학적 위치를 최대한 활용하자는 것이다.

넷째, 교량역할(Bridge)을 해야 한다. 동남아 속담에 '두 마리 코끼리가 싸워도 다치고 사랑해도 다친다.'는 속담이 있다. 그만큼 한국은 중국과 일본 사이에 위치한 한국의 불리함을 긍정적 조건으로 만들기 위해서 양국 사이에 소통의 다리 역할을 할 필요가 있다.

다섯째, 공정한 경쟁자(Equal Competitor)가 되어야 한다. 한국이 총체적인 국력에서 중국과 일본에 비해 상당한 열세에 있는 게 사실이다. 하지만 한국의 경제력과 소프트 파워도 양국에 견줄 만큼 상당 수준으로 성장해 나가고 있으므로 당당한 경쟁자가 될 수 있다는 것이다.

여섯째, 한·중·일 삼국의 협력 공동체(Community)를 만드는 역할을 해야 한다. 국가와 민간이 포함된 삼국 간의 유기적인 협력체가 긴요하다는 것이다. 작년에 설립된 한·중·일 협력사무국도 이러한 대안적 노력의 작은 결실이다.

필자는 지난 10월 15일에 열린 한·중·일 삼국 국제포럼에 참석하여 하루 종일 삼국 학자들의 다양한 발표를 들었다. 역시 영토분쟁 및 북핵문제 등 현안에서 갈등을 겪고 있는 최근 삼국의 상황을 반영하듯 각자 자국의 입장이 강조되어 평행선을 달리는 것을 볼 수 있었다. 하지만 상호 이해와 협력의 증진을 위한 더 많은 대화와 토론이 필요하다는 점도 절감했다. '같은 것을 찾으면서 다른 것을 존중하는' 구존동이(求存同異)가 요구되는 것이다.

일곱 번째, 현 상태의 변화 관리(Variation on Status Quo)에 유의해야 한다. 한·중·일 삼국간의 관계가 급격하게 갈등으로 진전되지 않도록 전략적으로 관리할 필요가 있음은 물론이다. 특히 삼국 관계의 현안 이슈를 정략적으로 활용하려는 정치권의 태도를 경계해야 한다. 예를 들어 독도 문제를 둘러싸고 한·일 간에 첨예하게 대립되었던 사례를 되풀이해서는 안 된다는 의미이다.

한·중·일 삼국의 불확실한 삼각관계, 희망을 보다

한 전 장관은 '일본은 복수(複數)'라고 말한다. 혐한(嫌韓)의 극우도 있지만, 친한(親韓) 정치인도 적지 않을 만큼 한국에 대한 일본인의 인식의 스펙트럼이 넓다는 것이다. 따라서 한국에 우호적인 분위기가 확산되게 하기 위해서는 우리에게도 일본의 장점을 존중해주는 자세가 필요하다는 것이다.

한 전 장관이 한·중·일 삼국 간의 관계를 거시적으로 조망한 후 제시한 한국의 외교정책의 전략적 방향에 공감한다. 그의 강연엔 오랜 동안 국제외교 분야에서 연구해 온 식견과 주미대사, 외교부 장관의 실무 경험을 통해 축적한 경륜이 배어있다.

그가 진단한 한·중·일 삼국의 기상도가 쾌청하지는 않다. 삼국 간의 관계도 각자 보는 입장에 따라 차이가 많다. 국제 여론조사에 따르면 삼국인 간 상대에 대한 부정적 인식과 긍정적 인식 비율이 현안 이슈에 따라 변동이 많다. 중국인의 한국인에 대한 긍정적 인식은 매년 높아지는 추세이지만, 한국인의 중국인에 대한 인식은 작년에 비해 부정적인 비율이 높아졌다. 중국이 2010년 북한의 천안함 폭침과 연평도 포격 도발 사건에 대해 북한을 두둔한 것, 중국 어선의 불법 조업 증가와 폭력행사 등이 작용한 때문인 것으로 보인다.

일본인의 중국인에 대한 부정적 인식은 2008년에 최고로 높았다가 다시 수그러들다 작년부터 대폭 상승하고 있는 것으로 나타났다. 양국 간 영토분쟁이 주요인 같다.

최근 댜오위다오(센카구) 및 독도를 둘러싼 삼국 국민 인식도 조사 결과가 새롭게 나온다면 상호 국가에 대한 부정적 인식이 예년보다 상당히 높아지지 않았을까 추측된다.

결국 삼국 국민들의 인식과 태도는 분쟁 현안에 따른 감정으로 가변적일 수 있다. 오랜 숙적 관계인 프랑스와 독일 국민들이 2005년 이후 지금까지 큰 변동 없이 상대국에 대해 긍정적 인식을 상당히 많이 갖고 있는 것과는 사뭇 대조적이다.

하지만 영토분쟁 등 정치적 갈등 요소에도 불구하고 한·중·일의 경제적 밀착 정도는 날로 높아가고 있다. 중국의 대 일본교역량은 전체의 10%, 대 한국교역량은 7%로 대 미국 교역량 12%에는 못 미치지만 3대 교역국의 위치를 확실하게 점유하고 있다.

또한 일본의 대 중국 교역량이 전체의 21%를, 한국의 대 중국교역량도 전체의 21%를 차지하여 중국이 부동의 제1교역국이다. 이는 삼국 간에 상호 경제적 의존도가 얼마나 깊은지 잘 보여준다.

물적 교류뿐만이 아니다. 삼국 간의 해외 관광인원도 지속적으로 증가하고 있다. 한국의 해외관광객 중 33%가 중국으로, 13%가 일본으로 가고, 일본 해외관광객 중 21%는 중국으로, 19%는 한국으로 향했다. 관광객의 증가는 상대국의 역사와 문화를 이해하는 데 도움이 되는 만큼 상품 교역 못지않게 중요하다.

한 전 장관은 한·중·일 삼국 간에 대립적 갈등요소가 적지 않지만, 인적·물적 교류의 지속적인 확대로 협력을 증진시키는 요인도 많다는 점을 긍정적으로 본다. 삼국 간에 넘어야 할 산도 많지만 상호 발전을 이끄는 동북아 협력공동체로도 나아갈 수 있다는 희망을 갖게 한다.

한·중·일의 다양한 이슈와 과제

아울러 한승주 전 장관은 다양한 질문에 대한 답변을 통해 동북아의 외교정세에 대한 깊은 안목을 보여주었다.

북한의 급변사태 시 중국 및 러시아의 개입 가능성은 어떨까? 그는 중국이 미국의 북한 진입을 거부하는 분명한 입장을 갖고 있는 듯하지만, 그렇다고 중국이 섣불리 북한에 군사력을 파견하는 일은 속단하기 어렵다고 말한다.

러시아의 경우 한반도 통일을 자국이 '얻을 것도 없고 잃을 것도 없는' 상황으로 인식하고 있다고 볼 때, 북한 급변 사태에 개입하는 일은 없을 것으로 예측했다. 하지만, 북한의 급변 사태에 대비한 논의에 중국이나 러시아 모두 관심을 갖고 있다고 말한다. 중요한 것은 중국이나 러시아에게 한반도 통일이 이익을 가져다줄 수 있다는 점을 효과적으로 설득해 내는 일이라는 것이다.

동북아에는 한·중·일 삼국 이외에 미국의 힘이 다양한 형태로 미치고 있다. 한국은 미국과 중국 사이에서 어떤 외교적 전략을 구사해야 할까? 한 전 장관은 중국의 입장에서 한국이 노무현 대통령 시기 중국 편향의 외교정책을 펼친 것에 비해 이명박 대통령이 미국 지향적 정책을 펼치는 것에 대해 아쉽게 생각하리라고 추측했다. 하지만 중국도 한국의 전략적 변화가 그동안 어느 정도 자신들에게 편향되었던 것을 정상화하는 것으로 이해하고 있다는 것이다.

특히 한·중 정상 차원에서의 우호는 돈독하며, 이명박 정부가 지나치게 친미적이라고 생각하지는 않는다는 것이다. 미국과 혈맹관계인 한국의 입장을 이해하고 있다는 얘기다. 중국지도자들이 한국정부의 요청에 부응하여 북한을 억제시키려는 의사를 지속적으로 보이는 점도 같은 맥락이다. 한미관계가 중국과 북한이 동맹관계로서 누리는 특수한 밀착과는 다른 차원에서 이해되는 가운데 한·중 간의 전략적 파트너십이 유지되고 있다고 볼 수 있다.

차기 정부의 바람직한 대북정책의 방향은 무엇일까? 한 전 장관은 이명박 정부가 초기에 '비핵개방 3000'정책을 추진했지만 북한의 천안함 폭침, 연평도 포격 도발 등 예기치 않은 도발사태로 남북관계가 경색된 만큼 북한의 명확한 사과와 재발 방지 약속이 없는 현 상태에서 대화로 전환할 명분이 없는 안타까운 상황이라고 진단한다.

또한 북한 역시 3대 세습이 이루어진 후 내부체제를 다지고 있는 상황이므로 당분간 남북관계의 교착상태가 지속되겠지만, 차기 정부는 새로운 관점과 명분으로 대북정책의 변화를 시도할 것으로 예측했다(박근혜정부는 튼튼한 안보를 바탕으로 남북한 신뢰를 형성하여 남북관계를 발전시키고 한반도 평화정착에 노력한다는 '한반도 신뢰 프로세스'를 대북정책의 기조로 설정했다).

대북정책의 변화는 북한의 태도변화에 의존하는 측면이 강하다. 미국이 북한에 대해 취하는 당근과 채찍 전략도 이제 잘 먹히지 않는다. 중국 역시 북한의 비핵화, 개혁 개방의 필요성에 동의하면서도 북한의 변화를 추동하는 데 한계를 느끼고 있다. 그만큼 한국의 대북정책 또한 봉쇄정책이나 햇볕정책 중 어느 하나만 쉽게 뽑아들 상황은 아닌 것 같다.

중국이 북한에 대한 실질적 영향력을 갖고 있음에도 북핵문제를 방조하는 것은 아닌가하는 의문도 제기됐다. 한 전 장관은 차기 주석으로 중국을 이끌 시진핑의 입장에서 볼 때(시진핑은 2012년 11월 15일 국가주석에 선출되었다) 동북아의 안정이 무엇보다 중요하므로 북한의 섣부른 도발을 원치 않을 것으로 보았다. 북한이 아직까지 3차 핵실험을 하지 않고 있는 것도 중국이 어느 정도 억제력을 행사하기 때문인 것으로 볼 수 있다는 것이다(북한은 2013년 2월 12일 3차 핵실험을 강행했다). 북한 역시 경제적 파탄으로 중국 의존도가 더 커진 만큼 중국의 압박에 더 민감해질 수밖에 없다.

최근 몇 달간 동북아의 정세가 격변했다. 한·중·일 삼국 역학관계의 변화가 자국 중심적 민족주의와 결부되어 갈등을 증폭시키는 것 같다. 세계적 관점에서 보아도 한·중·일 삼국이 만들어내는 정치, 경제, 외교적 풍랑은 전 세계에 영향을 미친다. 바야흐로 '아시아의 세기'가 오고 있다고 해도 과언이 아니다.

특히 한·중·일 삼국 간의 유기적인 협력이 어느 때보다 중요한 이유이다. 강대국의 상충되는 이해관계 속에 처해있는 한국의 전략적 방향에 대한 고민이 깊어질 수밖에 없다. 특히 중국의 부상으로 고조된 미국과의 경쟁과 갈등이 한·중·일 삼국에 부정적 영향을 만들지 않도록 지혜를 모아야 할 때이다.

한·중·일 삼국의 관계 상황과 전망에 대한 정치지도자들의 명확한 인식이 요구된다. 동북아의 평화와 번영이 삼국의 정치지도자들의 현명한 리더십에 달려있다. 동북아 정세에 대한 사회지도층의 관심 또한 중요하다. 국가영역을 넘어 오히려 비정치적인 민간영역에서 보다 유연하게 협력할 수 있는 여지가 더 많기 때문이다. 이런 시점에서 한승주 전 장관의 식견과 혜안을 경청할 수 있었던 것은 작지 않은 행운이다.

이 강연은 2012년 10월 8일에 열렸다. 한승주는 1940년 서울특별시에서 태어났고, 콜럼비아대학교에서 정치학 박사학위를 받았다. 그는 뉴욕대학교 부교수, 고려대학교 정치외교학교 교수(1978~2006), 제24대 외무부장관(1993~1994), 제19대 주 미국대사관 대사(2003~2005)를 역임했다. 2011년부터 코리아 글로벌 포럼 의장을 맡고 있다. 그는 다양한 이슈가 부딪히는 한·중·일 삼국의 '불안한 삼각관계' 속에서 한국이 취해야 할 대북정책의 방향과 외교 전략을 다각적으로 제시했다. 이 강연 이후에도 각종 이슈에 따라 한·중·일 삼국의 불안한 관계는 계속되고 있다. 삼국의 외교 관계의 기저를 통찰하고 있는 한 전 장관의 식견이 담긴 강연에서 우리가 주목해 볼 대목이 여전히 많다.

8장

평화정착과 경제협력의 한·러 파트너십

- 주한 러시아 대사 콘스탄틴 브누코프

콘스탄틴 브누코프(Konstantin V. Vnukov) 주한 러시아연방 대사는 1973년 전문 외교관으로 입직한 후 1980년대 중국 대사관 근무를 시작으로 인도, 홍콩, 마카오에서 참사관과 총영사를 역임한 아시아, 특히 중국통 외교관이다. 그가 주한 러시아 대사로 2009년 10월에 부임한 후 벌써 3년 6개월이 되었으니 꽤 오래 재임 중이다.

최근 러시아에 대한 우리 사회의 관심이 높아지고 있는 것을 반영하듯 2013년 4월 1일 열린 한국안보문제연구소(이사장 김희상)의 KINSA 아카데미에서의 그의 강연에 대한 관심도 뜨거웠다. 특히 청중 가운데 전·현직 장성과 기자 등이 많았던 것도 최근 남북한의 긴장이 고조되는 상황에서 러시아의 인식과 태도에 대한 우리의 관심을 반영하는 듯하다.

한국과 러시아의 교린의 오랜 역사

브누코프 대사는 러시아와 한국의 관계가 매우 오래되었고, 우호적

여건에서 시작되었음을 상기시킨다. 19세기 말 한반도에 열강들이 앞 다투어 진출할 때 러시아는 조선의 자주권 유지에 적극적 역할을 했다는 것이다. 진출의 속마음이야 여러 가지로 해석될 수 있겠지만 당시 일본과 청국이 조선의 지배권을 놓고 치열한 경쟁을 벌이던 상황에서 우리가 기댈 새로운 대안으로 러시아를 생각했으니, 결과적으로 크게 틀린 말은 아니다. 당시 러시아는 조선과 1884년 조로수호통상조약을 맺으면서 공식적인 외교관계를 시작했다.

이미 1860년대부터 러시아는 조선과 접촉하면서 한반도 진출에 눈독을 들이고 있었다. 산업화가 늦어 미국, 영국, 독일, 이탈리아 등 서구에 비해 열세였던 러시아는 서구의 조선 장악으로 러시아의 입지가 좁아드는 것을 우려하고 있었고 조선 역시 일본과 청나라의 압박에서 벗어나 제삼국의 개입을 통해 독립을 유지하고자 했다. 결국 러시아와 조선의 이해가 맞아떨어져 통상의 물꼬를 트게 됐다. 게다가 고종 황제가 급기야 1896년 러시아 공관으로 피궁(避宮)하게 되는 상황(아관파천, 俄館播遷)이 발생해 조선의 운명은 한동안 러시아에 의지했었다.

브누코프 대사는 여담으로 고종이 러시아 공사관에 머물 시기에 처음으로 커피를 맛보게 되었다며 일본, 중국은 차를 많이 마시는 반면 한국이 커피를 가장 선호하는 된 것도 우연한 일이 아닌 듯싶다고 말했다. 러시아와 한국의 긴밀한 관계를 보여주는 역사적 예화는 더 많다.

조선이 일본의 식민지로 전락한 후 많은 조선 백성들이 고향을 등지고 먹고 살기 위해, 그리고 독립운동을 위해 만주와 러시아 땅으로 흘러들어갔다. 블라디보스토크가 항일투쟁의 중요한 근거지 중 하나가 된 연유다. 몇 년 전 러시아가 안중근 의사 관련 역사자료가 담긴 고문서를 국가보훈처에 전달하여 안중근의사기념관에 전시토록 한 바 있다. 이 역시 러시아 땅이 선조들의 독립운동 터전이었음을 입증해 준다.

그 뿐만이 아니다. 일제강점기에 일제에 의해 사할린으로 강제 징용되어 탄광, 비행장, 도로 건설의 노역에 투입되었던 한국인들은 전후에도 한동안 조국으로 돌아오지 못했다. 2차 대전 후 사할린이 소련령이 되자, 사할린에 거주하던 일본인들은 일본으로 이양 귀환되었지만, '포츠담 선언'으로 '일본인'으로 분류되지 않은 한국인들은 일본 이양 대상에서 제외되었기 때문이다.

이후 1990년대 후반부터 사할린 동포의 한국 귀환이 이루어졌다. 현재 사할린에는 4만 명 정도의 한국인이 거주하고 있다. 여기서 한국어 학교와 한국어 TV 방송, 라디오 방송이 운영되는 등 한국인 사회가 형성되어 있다고 한다. 브누코프 대사는 "사할린 동포 뿐 아니라 극동지역과 각 공화국에 흩어져 사는 20여 만 명의 고려인들이 여러 측면에서 러시아 발전에 기여해 왔다."며 이들이 한·러 관계의 가교 역할을 하고 있다고 평가한다.

한·러 우호 협력의 확대

한·러 관계는 1990년 수교 이래 지속적으로 외교관계를 발전시켜 왔고, 2008년 이명박 대통령과 메드베데프 대통령 간의 회담을 통해 '전략적 협력 동반자' 관계로 격상됐다. 지난 22년간 총 25회의 정상회담이 개최되었고, 그 중 이명박 대통령 임기 동안에 무려 8차례의 정상회담이 열렸다. 브누코프 대사는 "그간 경제 협력뿐만 아니라 문화, 안보, 시민사회 분야까지 교류와 협력이 확대되어 왔다."며 그동안 체결된 50여건 이상의 정부간 협정이 이를 대변해 준다고 말한다.

특히 2012년 9월 아태경제협력체(APEC) 회의에서 양국 정상 간에 합의한 한국·러시아 무비자 제도가 시행되면 현재 10~15만 명에 이르는 한국인 관광객이 2배 이상 급증할 것으로 기대하고 있다. 무비자 30일 방문 협정 비준은 강연 당시 양국 간의 관계에서 최대의 현안이 될 전망이었다. 우리로서도 무척 기대되는 대목이었다 결국 비자 발급 없이 러시아에 최대 90일 간 머물 수 있는 한·러 비자면제 협정이 2014년 1월 1일부터 발효되었다. 이에 따라 양국 국민들의 상호 방문이 훨씬 수월해지게 됐다.

현재 양국 간의 교역 규모는 2011년 현재 255억 달러로 확대되었다. 물론 2,200억 달러에 이르는 대중국 교역량에 비하면 적은 수준이다. 앞으로 우주개발, 원자력 에너지, 바이오 에너지 등 러시아의 우수한 기술 분야에서 교류 협력이 강화될 필요가 있다.

브누코프 대사가 러시아 우주비행선 소유스 TMA-12호를 타고 한국인 최초로 우주비행에 참가한 이소연 씨의 일화나 한국 최초의 인공위성 나로호 이야기를 하는 이유도 우주개발 등 최첨단 기술 분야에서 양국 간 협력의 잠재력이 크다는 점을 강조하기 위해서인 듯싶다.

러시아가 협력을 확대하길 기대하는 분야는 더 많다. 브누코프 대사는 나로호 2호 추가 개발 프로젝트의 추진 용의를 밝히는 한편, 산림감시용으로 우수한 성능을 자랑하는 러시아산 헬기의 도입이나, R&D 기초과학 기술 분야의 도입 및 활용에서 상호 보완적 역할을 기대했다. 러시아는 이러한 경제협력 및 투자 촉진을 위해 그간 10여 차례 한국 정부와 기업을 대상으로 투자설명회를 개최하고, 관세

특혜의 여건을 조성하는 데 노력해 왔다.

이런 분위기 속에서 이미 진출한 삼성, 현대, 대우 등 주요 대기업들에 이어 다수의 기업들이 러시아 진출을 모색하고 있다. 러시아 또한 한반도 종단철도와 시베리아 횡단철도의 연결, 사할린 석유 가스 개발 프로젝트에서 한국기업의 참여 확대를 기대하고 있다.

극동 연방지구의 사하공화국(야쿠티야(Yakutia)공화국)과 인천광역시 사이에서 멸종동물인 맘모스 복제 공동 프로젝트를 추진하는 것도 관심을 끈다. 한·러 교류 협력이 경제 분야를 넘어 생명공학, 환경, 문화예술, 스포츠 등 다양한 분야로 확대될 수 있음을 시사하는 한 예다.

한반도의 평화 정착과 러시아의 역할

한국과 러시아의 관계에서 우리가 최근 주목하는 부분은 러시아가 불안정한 한반도 정세를 안정시키는 데 어떤 기여를 할 수 있을까 하는 점이다. 주한 러시아 대사의 인식을 통해 이를 어느 정도 가늠해 볼 수 있을 듯하다. 브누코프 대사는 한반도의 평화와 안정을 위해 다자안보체제의 구축이 중요하다고 역설한다.

러시아는 한반도 비핵화를 위한 6자 회담의 재개를 위해 주변국과 긴밀히 협력할 의사를 갖고 있다. 지리적으로 러시아와 인접한 한반도 안정의 중요성을 피부로 느끼는 듯하다. 특히 경제개발에 힘을 쏟고 있는 러시아 입장에서 한반도의 긴장 고조는 시베리아와 극동 개발에 부정적 영향을 끼칠 수 있다.

러시아의 대북 정책 기본 입장은 한반도의 긴장을 고조시키는 북한의 어떠한 행동에도 반대하는 것이다. 하지만 북한에 대한 국제사회의 정치 외교적 수단 이외의 제재, 특히 군사적 제재에는 동의하지 않는 것 같다. 동북아 이해 당사국 모두가 받아들일 수 있는 안보체제의 수립이 핵심 과제가 되어야 함을 역설하는 이유는 아직도 동북아에 냉전적 분위기가 상존하고 있다고 보기 때문이다.

이런 상황에서 러시아가 6자 회담의 실무의장국을 맡게 된 만큼 6자 회담의 재개를 위해 노력하고자 하는 의지는 분명해 보인다. 브누코프 대사는 박근혜 정부가 표방한 '한반도 신뢰 프로세스 원칙'과 동일하거나 유사한 입장을 갖고 있다고 분명하게 밝힌다. 특히 한국이 기울이는 평화적이고 자주적인 통일 노력을 높이 평가한다.

나아가 한국과 러시아가 한반도의 평화 정착과 평화 통일을 위한 노력에서 긴밀한 파트너가 될 수 있기를 희망한다. 남북한의 관계 개선과 동북아의 안정은 러시아에게도 시베리아 횡단 철도(TSR:

Trans Siberian Railroad)의 한반도 연결 사업이나 천연가스 등 에너지 파이프 라인 프로젝트 추진에 우호적 환경을 만들어 주기 때문이다.

양국 간의 이런 다양한 국익을 고려할 때 국제무대에서의 양국 간 협력을 지속적으로 확대할 필요가 있다고 강조한다. 2012년 10월 한국이 유엔 안전보장이사회 비상임 이사국에 진출하는 것을 러시아가 적극적으로 지지한 것도 같은 맥락이라는 것이다. 러시아는 이러한 양국 간의 전략적 협력 기조가 이어지길 기대하고 있다.

2012년 5월 다시 당선된 푸틴 대통령은 한국을 아시아의 중요한 협력국가로 꼽았고 한국과의 그간 대외정책을 계승·유지한다고 밝혔다. 나아가 박근혜 대통령 당선 이후 축전을 보내 이러한 의지를 보완한 것도 러시아의 대 한국 외교정책의 일관성을 말해준다는 것이다.

러시아는 앞으로 한국과의 이러한 관계가 더욱 공고해지고 확대되길 희망하고 있다. 특히 이런 기조가 러시아, 한국, 북한의 삼각 경제협력 프로젝트의 전면적 진전으로 이어지길 바라는 속내를 감추지 않는다. 푸틴 대통령이 시베리아와 극동지역의 성장 잠재력을 삼각 프로젝트를 통해 실질적으로 활용하고자 하는 의지가 읽히는 대목이다.

이러한 환경 조성을 위해 러시아가 주의를 기울이는 것 같다. 러시아가 앞으로 박근혜 정부 5년간 양국 간 정상급, 고위급 대화를 확대할 것을 기대하는 이유다. 브누코프 대사는 2013년 9월 상떼 페테르부르그에서 열릴 G20정상회담에 참석할 박근혜 대통령의 방문을 완벽하게 맞이할 준비가 되어 있다고 전한다(실제 G20정상회의에 참석한 박근혜 대통령과 푸틴 러시아 대통령은 한·러 정상회담을 가졌다. 그리고 북한을 통과하는 유라시아 철도사업을 포함해 남북한과 러시아를 잇는 다양한 '3각 협력 사업'에 대해 논의한 바 있다). 앞으로 한·러 국회의장 및 장관급 교류도 확대할 것을 주문했다. 특히 국방장관, 법무장관 등 국가 핵심 부처 간의 교류 협력을 늘려가고 나아가 시민사회의 교류도 확대되길 희망하고 있다.

러시아에 대한 뜨거운 관심과 이슈들은 브누코프 대사의 강연이 끝난 후 질의응답 시간에도 이어졌다. 그는 청중들의 민감한 질문들에 대해 외교관답게 솔직하면서도 유연하게 답변했다. 가장 관심을 끈 이슈는 역시 한반도 통일에 대한 러시아의 입장과 한반도 통일과정에서 러시아가 어떤 긍정적 노력을 해 줄 수 있는가였다.

소련은 6.25전쟁의 사실상의 승인자이자 후원자이지 않았는가? 우리 국민은 이런 구원(舊怨)을 기억하고 있다. 반면 아직도 우리 사회에는 6.25전쟁이 북한의 남침으로 야기되었다는 것을 인정하길 거북해 하는 사람들이 있다. 하지만 6.25전쟁으로 우리와 악연을 가졌던 구 소련은 1991년 12월에 소멸되었다.

거대 사회주의 국가 소련이 해체되고, 러시아, 벨라루스, 우크라이나 3개국이 독립국가 연합으로 새롭게 출범했다. 지금의 러시아가 소련과 동일한 정체성을 가진 국가가 아님은 두말할 나위가 없다. 러시아는 스탈린을 범죄자로 규탄하고 있고 러시아 국민들은 소련 지배시기를 현대사의 기억에서 지우고 싶어한다.

브누코프 대사는 "한국전쟁에 개입했던 소련의 기밀문서를 한국정부에 전달하고 전쟁 발생과 관련된 진실 규명에 적극 협조하고 있다."며 "다시는 한반도에 어떠한 전쟁도 발생해서는 안 된다."고 강조한다. 나아가 러시아는 한국에게 미래지향적인 파트너임을 강조한다. "한반도가 통일되는 것을 두려워하지 않고, 한반도 통일이 국익에 도움이 된다고 생각하는 유일한 나라가 러시아"라는 것이다.

한반도가 통일된 후 국경을 서로 맞대게 될 양국 간에 다양한 경제협력 프로젝트를 추진하여 양국의 국익이 증진될 수 있다는 뜻이다. 우리 국민들도 어느 정도 공감할 수 있는 긍정적인 신호다.

한반도 신뢰 프로세스와 평화통일

하지만 남북통일의 길은 험난하다. 브누코프 대사는 한반도 통일의 최대 장애로 남한과 북한 사이에 신뢰가 부족하다는 점을 꼽는다. 남북 간에 기본적인 신뢰가 부재하여 통일을 위한 실천적 문제 해결로 나아가지 못하고 있다는 것이다.

그는 외교관으로서의 경험적 이야기를 덧붙여 국가 간 신뢰 회복이 문제 해결의 실마리가 될 수 있음을 강조한다. 1960년대 말부터 1970년대 초에 소련은 중국에게 미국보다 더한 적대적 국가였다. 이러한 신뢰 부족 상황이 중소 국경문제의 해결을 불가능하게 했었다. 하지만 고르바초프의 꾸준한 신뢰 구축 노력으로 러·중 관계를 정상화할 수 있었다는 것이다.

이런 관점에서 그는 남북한이 대화를 지속하여 신뢰를 구축하는 것이 가장 중요하다고 역설한다. 신뢰 부족이 한반도의 대립 상태를 고착시키고, 통제 불가능한 상황으로 악화시킬 수 있기 때문이라는 것이다. 특히 이런 상황이 지속되면, 북한이 군사력을 사용하고픈 유혹에 빠질 수 있어 더욱 위험하다는 얘기다. 그가 박근혜 정부의 '한반도 신뢰 프로세스'를 지지하는 이유도 같은 맥락이다.

남북 간 신뢰의 회복이 긴요하다는 점은 모두가 공감한다. 신뢰는 상대의 입장을 존중하는 진정성이 담긴 행위들이 지속적으로 쌓여야 조금씩 그 싹이 자란다. 하지만 겉으로는 대화를 앞세우면서 중단 없이 핵 개발을 해왔고, 천안함 폭침이나 연평도 포격 등 무력 도발을 끊임없이 저질러 온 북한의 기만전략이 신뢰 프로세스의 진전을 원천적으로 봉쇄해 오지 않았던가? 북한은 정상적인 국제질서의 준수를 통해 신뢰를 쌓아갈 수 있는 정상국가가 아니다.

러시아가 남북 간의 신뢰 구축이라는 원론적 입장만 강조할 것이 아니라, 신뢰 구축의 저해 요인을 만들고 핵 개발로 한반도 평화를 위협하는 북한으로 하여금 대남적화 전략을 근본적으로 포기하도록 영향력을 행사해야 하지 않을까?

남북 간의 신뢰를 역설하는 점이 어쩌면 러시아의 대북 영향력의 한계를 말해주는 건 아닌지 모르겠다. 작금의 한반도 정세에서 보면, 북한의 정상국가화를 전제하지 않은 상태에서 신뢰 프로세스 등 남북한 교류 협력의 진전을 도모한다면 과거 햇볕정책의 실패를 답습할 가능성이 높다. 따라서 북한 체제의 변화를 어떻게 이끌어 낼 것인가에 초점을 먼저 맞춰야 할 것 같다. 북한을 변화시킬 다양한 옵션을 검토할 때다. 우리가 러시아에 기대해야 할 역할도 이런 것이어야 하지 않을까?

하지만 러시아는 북한을 변화시켜야 한다는 당위성에는 공감하면서도 국제사회가 물리적 제재로 접근하는 것에는 반대하는 분명한 입장을 보인다. 특히 북한의 급변사태를 상정하고 싶어하지 않는다. 현 체제의 변화 과정에서 러시아가 주도권을 잃게 되는 상황을 마주하고 싶지 않기 때문일지 모른다.

또한 현재 중국과 밀월관계에 있는 러시아로서는 러·중간의 우호를 해칠 소지가 있는 어떤 상황에 처하는 것도 달가워하지 않는 듯하다. 한반도의 평화 통일을 지지하면서도 비평화적 방법에 의한 통일로 야기될 수 있는 예측할 수 없는 다양한 위험성을 회피하려는 게 러시아 외교정책의 기본적 입장인 듯싶다. 브누코프 대사가 상기시키는 "만년 동안 회담하는 것이 하루 동안 전쟁하는 것보다 낫다."는 중국의 속담을 가볍게 넘길 수 없는 건 우리도 마찬가지다.

하지만 "북한이 다시 무력 도발하면 철저하게 응징하겠다."는 국민들의 단호한 의지가 북한을 자유통일로 이끄는 작은 변화의 단초가 될 수 있다는 점도 잊지 말아야 한다. 한반도의 평화정착과 통일 과정에서 일정한 역할이 기대되는 러시아 대사의 강연을 들으며 국익 앞에 영원한 적도, 영원한 친구도 없다는 평범한 진리를 다시 절감한다.

한반도의 평화 정착과 자유민주주의 통일을 만들어 가는 험난한 과정은 윤리와 규범보다 힘과 실리가 작동되는 국제사회의 미묘한 역학 관계 속에 놓여 있다는 냉혹한 현실 또한 잊지 말아야 한다. 한반도 자유통일을 향한 노력에서 우리가 주변 4강에게 각각 어떠한 이익을 안겨 줄 수 있는지 고민하고 또 설득해 내는 노력이 중요한 이유다.

이 강연은 2013년 4월 1일에 열렸다. 콘스탄틴 브누코프(Konstantin V. Vnukov)는 1951년 러시아에서 태어났고, 모스크바 국립국제관계대학교에서 역사학 박사학위를 받았다. 아시아통 직업 외교관으로 주 중국 소련대사관, 주 중국 러시아대사관, 주 인도 소련대사관에 참사관 등으로 근무했고, 러시아 외교부 아주 제1부국장(2003~2009)을 거쳐 2009년부터 주한 러시아대사관 대사로 봉직하고 있다. 그는 한반도 평화 정착을 위한 러시아의 역할과 한·러 협력 방안을 폭넓게 제시했다.

9장

중국의 새 지도부와 한반도 정세 전망

- 전 주중 대사 정종욱

2012년은 한·중(韓·中) 수교 20주년이 되는 해였다. 노태우 정부시기인 1992년 8월 24일, 한·중 양국은 중국 베이징(北京)에서 수교 공동성명에 서명해 냉전을 넘는 새로운 시대의 막을 열었다. 20년이면 강산이 두 번이라도 변할 세월이지만 '굴기(崛起)'하는 중국의 폭발적 경제성장, 이를 통해 만들어낸 제도와 인식의 변동 폭이 더욱 크다. 이런 시점에서 한·중 관계의 변화의 의미를 진단해 보고, 미래를 전망해 보는 것은 의미 깊은 일이다.

한·중 수교 20년의 변화와 의미

2012년 5월 21일 한국안보문제연구소(이사장 김희상) KINSA 아카데미에 초청된 정종욱 전 주중 대사는 한·중간 놀라운 변화의 기록을 상전벽해(桑田碧海, 뽕나무밭이 바다가 되듯 세상이 몰라볼 정도로 변함)와 수도거성(水到渠成, 물이 흐르면 도랑이 만들어진다)으로 표현했다. 정 전 대사는 한·중 수교 당시와 현재의 모습을 여러 분야에서 개관하면서 그 변화의 폭과 깊이를 가늠하게 해준다.

우선 경제 분야의 성장세가 무섭다. 현재 무역량이 2,400억 달러로 약 37배 증가했고, 투자규모도 약 265배 성장했다. 2015년경이면 교역량이 3,000억 달러에 이를 것으로 전망되고 한·중 FTA가 체결되면 그 규모가 더욱 커질 것으로 예상된다.

정치 영역의 접촉도 늘었다. 2008년 이후만 하더라도 총리회담을 포함한 정상회담이 36회, 외교부장관 회담이 23회, 고위 외교 전략대화가 4회에 이르고, 국방장관 및 고위 국방 전략대화도 연속적으로 개최되어 왔다.

사회문화 분야의 교류는 그 폭이 더욱 넓다. 한·중 간의 인적교류는 수교 당시 13만 명에서 640만 명으로 약 50배나 증가했고, 유학생 수도 13만 명에 이르며 국내 유학생의 68.9%가 중국학생들이다.

학술교류의 기반도 넓어지고 있는데 중국내 한국학과가 97개나 개설 중이고, 전 세계 200여개의 공자학원 중 한국에 18개가 설치되어 인구비례로 볼 때 가장 많은 편이다. 또한 중국과 한국 사이의 항공편도 주 837편이나 운항하고 있고, 중국내 한국인 장기체류자가 65만 명(2010년 기준)에 이르러 조만간 100만 명 시대가 도래할 것이라 한다.

실로 한·중간의 교류의 양상이 전방위적 측면에서 폭발적으로 증가했음을 잘 보여준다. 정 전 대사는 한·중 외교관계(diplomatic relations)의 단계적 진화의 모습을 4단계로 분류했다. 1. 우호협력 관계(1992~1998), 2. 21세기를 향한 협력 동반자 관계(1998~2003), 3. 전면적 협력 동반자 관계(2003~2008), 4. 전략적 협력 동반자 관계(2008~현재)이다.

외교관계 등급은 선린우호 관계, 동반자 관계, 전통적 우호협력 관계, 혈맹 관계로 격상되어 간다고 한다. 그런 점에서 한·중이 나아가는 '전략적 협력 동반자 관계'는 우리가 갈 수 있는 거의 최상급의 외교관계로 볼 수 있다(중국은 프랑스, 이탈리아 두 나라와만 '전면 전략적 협력 관계'를 맺고 있다).

하지만 수교 당시와 지금의 객관적 수치나 외형적 교류의 획기적 증가만으로, 더구나 외교관계 등급의 향상만으로 한·중 관계의 변화의 의미를 읽는다면 이는 피상적 관찰이 될 수 있다. 오히려 최근 천안함 폭침, 연평도 포격, 중국 어선의 불법 조업 및 해경 피살 등 연이은 사건의 과정에서 한·중 관계는 복잡 미묘한 긴장관계로 변해 가고 있다.

북한의 일방적 도발을 감싸기만 하는 중국의 태도에 우리 국민들의 실망은 컸고, 중국 어선의 불법 폭력행위에는 미온적으로 대처하면서도 이어도 영유권을 주장하고 나서는 중국의 오만함에 분노했다.

이런 상황을 고려하면 중국이 먼저 제안했던 '전략적 협력 동반자 관계'라는 명칭의 격상이 그저 현실과 동떨어진 외교적 수사(rhetoric)처럼 느껴지는 게 솔직한 심정이다. 오히려 협력의 대상과 방식에 대한 '전략'을 보는 관점이 한·중간에 동상이몽(同床異夢)이라는 점만 분명하게 확인시켜준다. 더구나 북한과 미국의 변수가 다양한 사건과 전략으로 개입되면서 이런 불편한 관계를 가중시키고 있는 듯하다.

어쩌면 한·중 수교 당시의 정치, 경제적 상황은 5,000년 우리 역사 가운데 중국과의 관계에서 독립국가의 자존과 자부를 가장 온전하게 향유할 수 있었던 유일한 시기가 아니었나 싶다. 당시 중국은 개혁개방정책을 대외적으로 확장할 필요를 절실하게 느끼고 있었고, 급속한 경제성장의 모델로 한국을 상정했다. 우리 또한 무한한 대륙시장의 확보를 희구하던 호혜적 필요가 잘 부합되었던 시기이도 하다.

하지만 중국이 급속한 경제발전과 군사대국화 등 G2로 '굴기'하는 상황에서 이제 한·중 협력 동반자(Partnership) 관계는 실질적인 동반자 관계로의 여시구진(與時俱進, 시대의 흐름에 맞게 변화함)이 절실한 시기이다.

정 전 대사는 지난 20년보다 앞으로 더 험난한 파고가 닥칠 것으로 전망한다. 그는 중국의 변화상, 북한과 미국의 변수가 한·중 관계에 직간접적인 영향을 미칠 것으로 보고, 이러한 영향요인이 만들어내는 복잡한 정세 속에서 한국이 취해야할 정치외교적 전략을 제시하고자 했다.

중국 지도부의 변화 전망

그가 앞으로의 한·중관계 전망을 낙관하지 못하는 첫째 이유는 역시 중국의 변화이다. 가장 주목해야 할 대상은 중국 최고지도부의 개편과 이들이 취할 대외정책의 방향이다. 정 전 대사는 역대 중국 지도부의 정치철학을 개관하면서 지도부 인적 구성의 변화와 정책 변동의 가능성을 읽어낸다.

중국은 마오쩌둥(毛澤東) 30년간의 '사회주의 정치발전'에 이어, 덩샤오핑(鄧小平)의 '사회주의 시장경제'에 의한 개혁개방정책이 정치경제적 국가발전 체계를 만들었다. 특히 1980년대 초부터 덩샤오핑이 추진한 정치개혁이 중국을 새로운 시스템으로 만드는데 기여했다.

마오 시대의 정치적 혼란의 핵심에는 접반인(接班人), 즉 후계자 책정과정의 정치적 암투가 있었다. 류샤오치(劉少奇), 린뱌오(林彪) 등 후계자로 오른 사람들은 예외 없이 불운의 사망으로 이어졌다.

이런 배경이 후계자의 헌법적 지위 보장이라는 제도 개혁을 요청

했다. 덩샤오핑은 중국 공산당 지도부의 임기제, 정년제를 도입하여 정권교체로 인한 대규모 숙청의 고리를 끊었다. 중국을 카리스마로 이끌던 시대에서 시스템으로 유지되는 국가체계로 만든 것이다. 10년 주기로 지도자가 바뀌는 안정적 후계자 계승 방식은 덩샤오핑이 실질적으로 지명한 장쩌민(江澤民) 주석과 후진타오(胡錦濤) 주석이 포스트 덩 시대를 안정적으로 이끌게 한 밑바탕이 되기도 했다.

정 전 대사는 장쩌민, 후진타오 시대를 테크노크라트(technocrats) 시대로 규정한다. 이들의 교육 배경이 주로 이공계통의 엔지니어로서 개발 독재시기를 이끈 동력이었기 때문이다.

이들 4세대 지도자들은 덩샤오핑의 도광양회(韜光養晦, 빛을 감추고 밖에 비치지 않도록 한 뒤, 어둠 속에서 은밀히 힘을 기른다)에 이어 대국외교, 화평굴기의 외교전략을 펼쳐왔다.

2012년 가을 18대 공산당 전국인민대표자회의에서 제5세대 최고지도자로 선출될 것으로 예상되는 시진핑(習近平)은 칭화대 경제학 박사 출신, 리커창(李克强)은 베이징대 법학 박사 출신이다(예견한 대로 2012년 11월 전국인민대표회의(전인대)에서 시진핑 공산당 총서기가 국가주석, 리커창은 총리로 선출되었다). 정 전 대사는 이들 두 사람이 과거 이공계열 지도자와 달리 인문사회계열 출신이라 국가 운영에 대한 관점의 변화가 주목된다고 말한다.

특히 정치국 상무위원회 9명중 7명이 퇴임하게 되고, 상무위원을 포함한 25명 정원의 중앙정치국의 절반 정도가 교체가 예상된다는 점도 눈길을 끈다. 정치 엘리트의 충원 내용과 당내 역학관계가 국내 및 대외정책에 미치는 영향이 크기 때문이다. 시진핑, 리커창이 국가주석과 총리로 유력시 되는 가운데 상무위원 선정과정에서 태자당(상해방)과 공청단(중국공산주의청년당)의 권력 투쟁이 주목받고 있다.

최근 장쩌민 파에 속하는 보시라이 사건을 계기로 공산당 고위층의 내부 투쟁이 전개되고 있다. 상무위 진입을 둘러싼 양대 계파의 물밑 경쟁이 치열할 듯하다. 하지만 그럼에도 불구하고 정 전 대사는 중국의 대외정책 기조가 크게 변화할 가능성은 적다고 보았다.

나아가 그는 5세대 지도자들이 전반적으로 개혁과 개방정책을 이전보다 더욱 강화해 나갈 것으로 예측했다. 이들의 남다른 실력과 사고방식의 차별성이 이런 판단의 근거이다. 50년대 초반에 출생한 이들 대부분은 공산당 간부 가족으로서의 후광이 아닌 1977년 부활한 입시제도에서 실질적인 경쟁을 통해 진학한 첫 세대다. 또 1989년 천안문 민주화 사건을 경험한 세대이다.

이런 배경에서 이들은 '정치안정이 모든 걸 압도한다.'는 덩샤오핑의 '온정압도일체(穩定壓倒一切)'의 철학과 달리 '불완전한 개혁을 할지언정 개혁 자체를 하지 않아 생기는 위기를 맞아선 안 된다.'는 '영요미사 불요위기(寧要微詞 不要危機)'의 철학(「인민일보」, 2012년 2월 23일)에 더 관심을 가질 것으로 보는 것이다.

특히 시진핑은 국가부주석 취임 이전 사회주의 시장경제를 만개시킨 지역 중 하나인 상하이시 서기와 저장성(浙江省) 성장을 역임하면서 자본주의에 대한 이해가 깊어졌을 것으로 보인다. 리커창 역시 랴오닝성(遼寧省) 서기로 일하면서 낙후되었던 동북지방의 산업화에 힘을 썼던 만큼 이들의 체험과 인식이 이전 지도자들보다 친시장적이고 실용적일 것으로 보인다는 것이다.

정 전 대사는 5세대 지도자들의 북한관도 이전과는 다소 다를 것으로 전망했다. 김일성, 김정일과의 특수한 관계가 깊었던 이전 세대와는 정서적 긴밀도가 다소 떨어질 것이고 북한의 김정은 세습체계, 개혁 개방, 핵문제에 과거 지도부와 이견을 보일 가능성도 조심스럽게 예측했다.

중국과 북한의 관계, 한국에 미치는 영향

그가 꼽는 한·중 관계를 규정하는 두 번째 변수는 북한이다. 중국은 북한이 6.25남침을 일으키는 것을 묵인하고 직접 참전해서 남한과 유엔군에 대적한 북한의 혈맹이다. 중국은 북한과 함께 피를 흘린 형제지만 우리에게는 심각한 상처를 안겨 준 구원(舊怨)이 있다.

그런 차원에서 1992년 맺어진 한·중 수교는 김일성에게 엄청난 정치적, 심리적 충격을 안겨주었을 것으로 보인다. 정 전 대사는 당시 중국 외교부장 첸치천(錢其琛) 전 부총리의 회고록 『외교 10기』에 실린 회고담의 한 대목을 들었다. 당시 중국과 한국의 수교를 앞두고 이를 양해 받고 설득하려 첸치천 외교부장이 김일성을 방문했다. 그런데 김일성은 충격적인 반응과 냉랭한 태도를 보였다고 한다

정 전 대사는 북·중관계의 긴밀성을 저하시킨 미묘한 변화는 한·중 수교뿐만이 아니었다고 회고한다. 1997년 베이징에서 벌어진 황장엽 망명사건은 남북한과 동시에 원만한 관계를 유지하고 싶어하던 중국 지도부를 당혹하게 만들었다. 북한이 "황장엽이 납치되었다."고 주장했기 때문이다.

당시 한국과 중국은 북한의 입장을 고려하여 황장엽을 한국영사관에 5주 동안 체류시켰다. 그 후 제삼국인 필리핀을 통해 비로소 황장엽을 한국에 입국시킬 수 있었다.

이런 사건은 한국과 중국, 북한의 상호 외교적 관계의 성격이 정립되어 가던 초기과정의 작은 사례에 불과하다. 그럼에도 중국과 북한의 특수한 관계는 여전히 긴밀하다고 말한다. 북한은 중국에게 중

요한 지정학적 가치를 갖고 있고 식량난, 에너지난을 겪고 있는 북한으로서도 중국에 대한 의존도가 더욱 높아지고 있기 때문이다.

최근 몇 년간 중국의 태도를 보면 한국과의 관계보다 북한과의 특수한 관계에 무게가 더 실리는 양상이다 (하지만 박근혜 대통령의 방중, 2014년 7월 초 시진핑 주석의 방한 등으로 긴밀한 관계를 이어가면서 중국에 한국과의 관계를 더 중시하는 듯한 분위기가 조성되고 있는 것도 사실이다. 이것이 중국 외교전략의 근본적 전환인지, 일시적인 전략적 행보인지는 좀 더 지켜봐야 할 것 같다). 언젠가 일부에서 제기한 '통중봉북(通中封北)'의 전략이 현실감 있게 다가오지 않는 이유이기도 하다.

하지만 정 전 대사는 중국과 북한의 관계를 상호 인질(mutual hostage) 관계라고 말한다. 이들의 긴밀한 특수 관계가 역설적으로 상호이익 외에 서로를 불편하게 하는 관계 또한 함축하고 있다는 것이다. 북한 핵문제만 하더라도 북한이 중국에게 계륵(鷄肋)이 되어가고 있음을 보여준다.

미·중 관계가 한·중 관계에 미치는 영향

한·중 관계에 큰 영향을 미치는 세 번째 요인은 미국이다. 정 전 대사는 중국의 대 한국 정책에 미국이 필수적 매개변수라고 말한다. 미국은 한국을 바라보는 거울이라는 것이다(US is the looking glass of SK). 한국에 대한 정치, 군사적 전략에 미국의 변수가 늘 맞물려 있음을 말해준다. 이렇게 된 배경은 아시아태평양지역에서 미국과 중국의 패권 경쟁이 가속화되고 있기 때문이다.

미국의 변수가 중국의 대 한국 정책에 어떻게 투영되고 또한 굴절될 수 있는지 보자. 남북통일에 대한 중국의 관점에도 미국의 변수가 개입된다. 정 전 대사는 중국의 외교부장 및 당 간부들과의 사적 대담에서 남북통일에 대한 이들의 관점을 엿볼 수 있었다고 말한다.

이들이 지지하는 남북한 통일의 조건은 3가지였다고 한다. 첫째, 평화적 통일이어야 한다. 둘째, 통일된 한국이 적대적이어서는 안 된다. 셋째, 중국과 적대적 행위를 하는 국가와 통일한국이 동맹하는 것을 반대한다. 물론 중국 지도부 중 일부의 사담(私談)이 중국정부의 공식적 외교정책은 아니지만 중국지도부의 속내를 어느 정도 보여주는 단초로 파악할 수 있다.

이들이 희망하는 조건은 우리에게 달갑지 않지만 중국 자신에겐 최상의 국익이 반영된 시각이다. 이들의 희망은 통일 이후에도 한·중 관계는 평화적이어야 하고 우호적 관계를 유지해야 한다는 것이다. 다만 잠재적 적이 될 수 있는 미국과 한국이 동맹관계를 유지하는 것은 한·중 우호관계를 불편하게 할 수 있다는 경고의 메시지인 셈이다.

물론 우리로서는 통일이후의 한·미 관계가 어떻게 변모할지 예단할 수 없다. 또 중국이 거북해 한다고 해서 한국의 국익과 통일의 대업을 향한 정책적 노력을 그만둘 수는 없다. 그런 점에서 한반도 통일의 주체인 우리 역시 곤혹스럽기는 마찬가지이다.

한편으론 한반도 통일이 중국에 위해(危害)가 되지 않으며 한미동맹을 유지하면서 중국과의 전략적 협력을 강화해 나가는 것이 장기적으로 한국과 중국의 상호 이익을 해치지 않는다는 점을 중국에 설득시켜 나갈 필요가 있음을 시사한다.

중국의 부상과 한국의 대응 전략

이런 여러 가지 변수들이 다양하게 변모하는 가운데 한·중 관계에서 우리가 취해야 할 바람직한 관점과 전략적 과제는 무엇일까. 정 전 대사는 중국의 5세대 지도자들이 기존의 사회주의 시장경제를 더욱 활성화시킬 것으로 보고, 이런 변화의 기회를 잘 활용해야 한다고 주문한다.

예를 들어 동북3성과의 경제교류 강화도 하나의 대안으로 제시한다. 동북3성의 경우 중국이 새롭게 경제개발을 강화해 나갈 가능성이 크다. 따라서 통일 이후 한반도에 연계된 새로운 경제성장의 벨트로 성장할 수 있으므로 이에 대한 우리 정부와 기업의 관심이 필요하다고 강조한다.

특히 5세대 차기지도자 중의 한 사람인 리커창의 경우 랴오닝성 서기를 역임할 당시 지역개발과 산업화에 일본자본 도입을 시도하기도 했다. 그만큼 동북지역의 미개발지역 발전을 위한 정책을 강화할 것으로 예상된다는 것이다.

정 전 대사는 중국도 실상 한반도 분단의 피해자인 만큼 분단보다는 통일을 원하고 있다고 본다. 따라서 중국을 남북통일의 조력자(enabler)로 만드는 노력도 중요하다고 말한다. 북한과 미국의 변수에 대한 중국의 태도가 한반도 통일정책에 막대한 영향을 미치기 때문이다.

중국 내부의 위기 요인과 전망

중국 정치권력의 변동, 중국과 북한 및 미국과의 관계가 만들어내는 정세도 중요하지만 한·중 관계의 미래를 예측하는데 빼놓을 없는 것은 중국 내부에 잠재해 있는 위기적 요인이다. 중국 내부의 위기 상황은 필연적으로 대외정책의 변동을 초래하기 때문이다.

정 전 대사는 중국의 정상상황을 위협할 수 있는 요소로 세 가지를 지적한다. 첫째, 중국 공산당 내에 만연한 부패문제이다. 최근 보시라이 사건으로 중국 공산당의 추악한 부패상이 드러났지만 실제 지도층의 부패는 더 광범위하고 심각하다는 것이다.

문제의 심각성은 지도부 내의 부패 문제가 정치계파 간의 권력 쟁탈로 번져 공산당 지도부의 존립을 해칠 수 있다는 점이다. 최근 후진타오 주석이 보시라이 사건을 '개인적인 낙마'로 의미를 축소하고 정치적 보복이 있어서는 안 된다고 서둘러 진화하고 있는 것도 이와 같은 맥락으로 읽힌다.

정 전 대사는 공산당 지도부의 심각한 부패에도 불구하고 중국 국민들이 공산당 정권을 전면적으로 불신하여 권력층을 규탄하는 등 공산당 시스템이 붕괴하기는 어렵다고 본다. 시장경제 도입 이후 중국사회 전체가 부(富)에 대한 질시가 누그러져 지도부의 부패에 비교적 관대하기 때문이라는 것이다.

필자가 보기엔 중국 공산당 지도부의 부패 및 비리에 대한 언론통제가 엄격하기 때문에 추악한 부패상이 국민들에게 제대로 알려

지지 않는 점도 중국 공산당 체제 방어에 도움이 되는 듯하다. 그동안 중국 공산당은 지도부 가족의 부패에 대한 보도를 철저히 금기시함으로써 부패에 대한 국민적 공분을 미리 차단하는데 성공해 왔다. 장쩌민 아들의 부패, 원자바오 총리 부인의 호화생활 등이 들춰지지 않은 이유이다.

물론 보시라이 사건으로 온갖 부패, 범죄와 추문이 드러나기도 했는데 이는 장쩌민을 견제해야 하는 후진타오 추종자들이 권력 싸움을 벌인 때문으로 보인다. '장벽이 무너지기 시작하면, 만 명의 사람들이 그것을 무너뜨리려고 모여든다.'는 중국 속담이 상기된다.

정 전 대사는 중국 공산당이 권력층의 부패 문제를 국민의 관용에 힘입어 돌파해 나갈 것으로 낙관했지만, 그리 간단할 것 같지는 않다. 국영기업이나 사기업 임원들의 재산 횡령은 물론, 지방 범죄조직과 연계한 악덕 관료들의 범죄, 축적한 부를 해외계좌나 사기업으로 빼돌리는 수법 등 갖가지 약탈적 부정부패가 심각한 것으로 보고되고 있다.

앞으로 중국사회의 빈부 격차가 심화되면 공산당 지도부의 도덕성에 대한 국민들의 감시와 공분의 수준도 높아질 것으로 보여, 공산당 신뢰 추락의 한 요인이 될 것은 분명해 보인다.

물론 5세대 지도부 출범 후 공청단과 태자당 사이에 이슈선점 경쟁이 벌어지고, 이 과정에서 주도세력이 관료조직의 과감한 부패청산과 제도 혁신을 이룩할 가능성도 있다고 관측된다(시진핑 국가주석의 취임 이후 대대적으로 부패 척결에 나서고 있는 것도 같은 맥락으로 볼 수 있다).

두 번째는 변방 이민족 관리정책의 위기이다. 티베트 자치구와 신강위구르 자치구의 독립운동은 수그러들지 않는 불안요인이다. 티베트와 위구르 지역을 군사력으로 강제 합병한 지 오래되었지만 역사와 문화, 인종의 차이로 인한 문화적 이질성을 아직까지 극복하지 못하고 있다.

물론 중국은 한족을 포함해서 56개 다민족으로 이루어진 국가이다. 따라서 다민족 포용정책의 일환으로 민족자치구역제도를 운영하고 있다. 하지만 티베트는 임시정부를 인도에 두고 달라이 라마를 정신적 지주로 삼아 분리 독립과 자치운동을 전개하고 있고, 위구르 역시 간헐적인 무장봉기 형태로 중국의 지배에 끊임없이 저항하고 있다.

이에 대해 중국 공산당의 동화정책도 치밀하게 추진되고 있다. '판첸 라마'를 내세워 달라이 라마의 권위를 실추시키는 이간책을 쓰고, 티베트인의 정신적 이념인 불교를 탄압하며, 소위 '서북공정'으로 티베트 역사를 중국 역사에 편입시키고 있다.

가장 주효한 것은 한족들을 지속적으로 이주시키는 정책이다. 전체 주민의 34%를 넘는 민족의 대표가 자치구의 서기를 맡도록 하는 정책을 빌어 자치구의 행정권 자체를 접수하고 있다. 이미 티베트와 신강위구르 지역은 수장이 한족으로 대체된 지 오래다. 제도상 자치구이지만 실질적 자치권을 부여하지 않는 셈이다.

이와 더불어 철도 부설, 도로 건설, 지역 인프라 개발 등으로 흡수 정책을 강화하고 있지만 여전히 다민족 분열은 중국에게 잠재적 불안 요소임을 부인할 수 없다.

세 번째는 분출하는 국민들의 불만을 해결하는 문제이다. 정 전 대사는 중국사회가 개방되고 사회활동의 자유의 폭이 넓어지면서 빈부 격차와 불합리한 제반 사회제도, 사회 범죄와 부패, 인권과 언론자유, 공산당 일당지배체제에 대한 불만 등 갖가지 시민적 욕구가 분출되고 이를 집단적으로 표출하는 사례가 급증하고 있다고 말한다. 중국 전국 각지에서 20여만 건에 이르는 군중성 집회가 발생했다는 점이 이를 입증한다.

이는 개방화의 진전에 따른 사회의 복잡화, 복합화의 영향이다. 이제 중국사회도 단순히 정부의 시녀 노릇을 하던 시대가 지나가고 있다는 것이다. 2007년 '아시아의 노벨상'으로 불리는 막사이사이상을 수상한 반체제 시각장애 변호사 첸광첸(陳光誠)이 가택연금 상태에서 탈출해 미국으로 망명한 사건이 이런 사회적 상황을 상징적으로 보여준다. 인터넷 검열과 언론 검열을 통해 사회를 엄격하게 통제하고 있지만 한계가 있기 때문이다.

문제는 중국 공산당이 정치민주화, 사회민주화에 대한 국민의 욕구를 제도적으로 수용해 나갈 자세와 역량을 갖추지 못했다는 점이다. 국가 역량과 지배 정당의 대응력과 호소력이 약화되면 필연적인 결과로 국가와 사회 간의 갈등이 고조된다. 이는 중국 공산당의 장기적인 생존 가능성을 위협하게 된다.

한국과 중국의 상관관계, 그리고...

성 전 대사는 중국 정치권의 변화와 사회문화적 변모의 궤적을 추적하면서 여기에 깊숙이 연관되는 북한과 미국의 변수와 함께 한·중 관계에 영향을 미치는 요인들을 설명했다.

그는 주로 중국의 '굴기'가 정상적으로 지속되리라는 긍정적 전제에서 한국이 겪게 될 곤경을 최소화하기 위한 방책을 고민했다. 하지만 워낙 복잡한 상황과 변수들이 내재되어 있어 한국의 대 중국 외교정책의 방향을 명확하게 제시하는데 한계가 많다.

역사적으로 중국이 강성하면 한반도는 늘 힘겨웠다. 하지만 중국의 경제성장과 대국화가 지속되리라는 전망과 함께, 공산당의 통치력을 약화시키는 사회적 모순과 갈등요인 또한 점증하고 있다는 점을 기억할 필요가 있다.

중국이 2030년 아니면 2050년경 세계 1위의 경제대국으로 성장해 나가는 장밋빛 전망도 우리를 어둡게 하지만, 다민족연방국가로 해체되는 극단적 상황 또한 한시적으로 한반도에 부정적 영향을 미칠 수 있다는 점에서 우려스럽기는 마찬가지이다.

어떻든 지금까지 일당독재 정치체제 속에서 '사회주의 시장경제'라는 모순적 가치를 국가동력으로 성공적으로 활용해 나가고 있는 기이한 중국에 대해 지나친 두려움도 경박한 무시도 모두 경계해야 할 것임에는 틀림없다.

개인적으로 한 가지 덧붙인다면, 중국 공산당이 중국 국민과 주변국가에 보다 겸손하고 인의(仁義)가 충만한 자유민주주의 국가로 전환되어 '전통적 우호 협력'의 파트너십을 새롭게 만들어갔으면 하는 바람이다. 중국의 눈치를 보는 경향이 두드러져 가는 우리 사회에서 이것은 겁 없는 몽상일까?

이 강연은 2012년 5월 21일에 열렸다. 정종욱은 1940년 경남 거창에서 태어났고, 미국 예일대에서 정치학 박사 학위를 받았다. 서울대 외교학과 교수, 대통령비서실 외교안보수석비서관과 주중대사를 지냈다. 동아대학교 석좌교수를 역임하고, 2014년 3월부터 인천대학교 석좌교수 겸 중국학술원 원장으로 재직 중이다. 주중대사 재직 시절인 1997년 2월 고 황장엽 북한 노동당 비서의 국내 망명을 추진하기도 했다. 정 교수는 중국, 북한, 한국, 미국의 상관관계와 위기 및 기회 요인을 진단하고 한국의 대중국 외교 전략을 제시했다.

10장

대한민국 과학기술의 현황과 미래

- 한국과학기술한림원 원장 정길생

날로 치열해지는 세계 경제전쟁에서 무역수지와 경제성장률은 두드러진 주목의 대상이다. 하지만 이런 데이터의 성쇠를 가늠하는 핵심 기반 가운데 하나가 과학기술의 수준과 역량임을 간과하지 말아야 한다. 과학기술(scientific technology)은 자연과학·응용과학·공학 및 생산기술을 총괄하므로, 결국 과학기술의 진보가 산업 발전을 견인하고 경제 발전을 가속화 시킬 수 있는 원동력이 되기 때문이다. 한마디로 국가 경쟁력을 좌우하는 요체가 바로 과학기술이다.

이런 차원에서 우리나라 과학기술 분야 최고 석학들의 모임인 한국과학기술한림원의 역할과 사명이 중요하게 부각되고 있다. 정길생 원장은 과학기술 패러다임의 변화에 부응하기 위해 국내의 과학기술정책연구 및 기초과학진흥사업, 과학기술국제교류사업 등 다각적인 사업을 주도해 왔다.

2012년 6월 4일 한국안보문제연구소(이사장 김희상) KINSA 아카데미에 초청된 정길생 원장을 통해 한국의 과학기술의 빛과 그림자, 그리고 과학기술 진흥을 위한 비전을 들어보았다. 우리나라의 과학기술의 현황을 진단하고 미래를 전망하는 일은 대한민국 경제의 지속가능성을 가늠하고, 산업의 총체적인 상승효과를 극대화하는 전략을 모색하는 일이기도 하다.

과학기술 연구개발의 허실

먼저 그가 설명하는 한국의 과학기술에 대한 투자의 획기적 증가 등 외형적 성장 모습은 고무적이다. 대표적인 게 연구개발 투자이다. 2008년 기준 총 연구개발투자비는 439억 600만 달러로 이는 GDP 대비 3.36%에 해당된다. 투자비 수준은 세계 6위, 투자비중은 세계 4위 수준이다. 이는 우리의 총체적인 경제규모에 비해 상당히 높은 수준이다.

또한 정부 총예산 가운데 연구개발비의 증가율 또한 연평균 11.4%로 다른 분야에 비해 훨씬 높다. 정부 총예산의 증가율은 7.1%에 불과하다. 국가적 재원 배분에서 과학기술 진흥을 위한 투자의 중요성을 높이 인식하고 있다는 의미이다. 투입되는 R&D 예산 규모도 매년 지속적으로 증가했다. 2008년 11조에서 2012년 16.6조원이 예정되어 있다.

연구개발 분야의 전문인력 규모 또한 획기적으로 증가하고 있다.

1964년에 2,962명에서 2009년 기준 32만 3,175명으로 109배나 늘었다. 이는 2008년 기준 경제활동 인구 1,000명당 9.7명으로 OECD 국가 중 7위 수준이다.

연구 성과물의 양적 성장은 SCI 논문 수, 특허출원 수로 가늠할 수 있다. SCI 등재 논문은 2009년 기준 3만 8,613건으로 세계 12위 수준이고, 국제 특허출원 및 미국 특허등록건수도 각각 세계 5위, 4위 수준이다.

이런 과학기술의 성장은 한국의 유망기술 수준을 향상시켰고, 산업계 제품의 기술 혁신으로 이어져 상품 경쟁력을 끌어올렸다. 조선, 반도체, 디스플레이 분야가 세계 1위의 위치를 차지했고 휴대폰 시장은 2위, 휴대인터넷 분야도 연평균 20% 이상 성장하며 세계 수위를 다투고 있다.

하지만 정 원장이 우려하는 것은 이런 양적, 외형적 성장에도 불구하고 정작 R&D의 질적 수준은 매우 낮다는 점이다. SCI논문 등재 수는 세계 12위이지만, 논문의 질적 수준을 말해주는 피인용 회수는 3.28회로 세계 30위 수준에 불과하다. 1위인 스위스는 7.58회에 달한다.

과학기술 경쟁력의 약화로 기술 무역 수지 적자는 2008년 기준 31억 4,000만 달러에 이를 정도로 심화되고 있다. 산업의 고도화에 따라 갈수록 더 심각해질 전망이라고 한다.

이렇게 과학기술 경쟁력이 급격히 떨어지고 있는 핵심 요인은 최고수준의 원천기술이 없기 때문이다. 최고 원천기술의 보유 현황을 보면, 미국은 단연 1위의 최고 원천기술 보유국이다. EU는 56개로 15.2%, 일본은 33개로 8.9%인데 비해 우리나라는 단 1개의 기술만 보유하고 있어 0.3%에 그치고 있다. 우리나라가 보유한 최고기술은 정보·전자·통신 분야 중 1개 세부기술(대면적 OLED, AM-OLED 기술)이다.

이채롭게도 중국은 아직 단 한 개의 최고 기술도 갖고 있지 못하다. G2 경제 대국으로 성장하고 있지만 저임금과 낮은 기술을 이용한 경제 규모의 외형적 성장이 한계를 드러내고 산업구조의 고도화가 필요한 단계에 이르렀다는 얘기다. 결국 성장세가 급격하게 둔화되거나 기술 무역수지의 악화가 심화될 여지가 많다는 것을 시사한다.

한국의 최고기술 개발이 부진한 이유는 최고수준의 과학기술인력이 태부족이기 때문이다. 이공계 기피 현상이 심화되어 과학기술 분야에 기본적인 인력 수급이 붕괴되고 있다. 더욱이 국내의 열악한 과학기술 연구 환경, 과학기술인에 대한 낮은 사회적 인식 등은 미국에 유학하여 육성되는 고급 연구인력이 국내로 돌아오는 것을 기피하게 만든다. 이러한 두뇌유출이 심화되는 상황에서 노벨과학상

수상자 배출을 꿈꾼다는 것 자체가 현실과 너무 동떨어진 환상에 불과하다.

과학기술 진흥의 혁신방향

이런 위기상황을 극복할 방안으로 정 원장은 R&D 예산 배분구조의 혁신을 강조한다. 이제까지 정부의 R&D 예산 투입은 주로 응용·개발연구와 경제개발 목적의 연구에 치중했다는 것이다. 이제부터 기초 원천기술의 개발에 투자를 집중해야 한다고 말한다. 즉, 선진국을 따라 잡는 추격형 응용기술 연구에 예산을 투입하기보다는 새로운 성장 동력을 창출할 수 있는 미래지향적 기초원천기술의 개발에 대한 투자 비중을 높여야 한다는 것이다.

따라서 기초연구에 대한 투자 비중의 확대가 필요하다. 한국의 기초연구 분야에 대한 투자는 국가 총예산 대비 및 국방비 대비로 보아도 프랑스, 미국 등에 비해 상당히 낮은 수준이다.

당시 이명박 정부는 R&D 비전을 수립하고 2040년까지 세계 5위 수준의 연구개발비 투자, 연구인력 양성, SCI 논문 등재, 세계 3위 수준의 특허 등록 등의 목표를 설정했다. 정길생 원장은 이를 달성하기 위해서는 차기 정부에서 과학기술 진흥에 대한 지속적인 관심과 지원을 쏟아야 비전 달성이 가능하다고 말한다.

한국과학기술한림원은 차기 정부의 과학기술정책 비전을 이미 수립해 놓고 있다. 최우선 과제는 과학기술 분야의 체계적 육성과 지원을 뒷받침할 수 있는 정부조직 개편이다. 먼저 국가과학기술위원회 위원장을 부총리로 격상하고, 최고통치권자의 과학기술 관련 철학을 주도적으로 수행해 나갈 수 있도록 해야 한다는 것이다. 과학기술 부총리가 국가미래전략을 수립하고, 국가연구개발 사업의 목표관리 및 평가, 범부처 연구개발 영역조정 및 예산 심의배분, 과학기술 공공연구기관 통합관리 등을 통합적으로 담당하길 희망하고 있다(박근혜정부 출범과 함께 미래창조과학부가 신설되어 과학기술 진흥을 총괄하도록 하여 정 원장이 희구하는 통합적 관리가 부분적으로 실현된 것 같다).

아울러 과학기술부와 정보통신부의 부활도 요구하면서 지식경제부 또한 연구 기술의 사업화와 기술 창업 정책을 강화하도록 기능전환이 필요하다고 말한다. 정 원장은 의사, 변호사 등 의학, 법률, 인문사회과학 위주의 직업 선호 경향을 바꾸기 위해서는 국민들의 인식 개선과 함께 과학기술인에 대한 정부의 획기적인 우대 정책이 절실하다고 역설한다. 하지만 이런 과학기술계의 요구가 차기정부에서 얼마나 수용될 수 있을지는 미지수이다.

더욱 중요한 것은 최고 지도자인 대통령의 역할이다. 대통령이 과학기술의 중요성에 대한 인식을 확고히 하고, 국가의 미래 생존 전략으로서 과학기술 정책의 진흥이 긴요하다는 것을 국민들에게 이해시키고 이를 국가의 주요 정책으로 관철시켜 나갈 수 있도록 확고한 리더십을 갖춰야 한다.

유사 이래 여러 유형의 과학기술의 변화와 혁명이 이어져왔지만, 갈수록 변화의 주기가 짧아지고 있다. 기술의 효용주기가 단축되기 때문이다. 앞으로의 대세는 현재의 정보화, 나노-바이오 시대와 중첩되면서 진행되고 있는 융합기술의 시대가 될 것 같다.

하지만 아직까지도 한국에서는 융합기술을 단순한 기술혁신의 수단 정도로 여기고 있다. 기술융합, 융합제품 개발의 핵심은 기초연구라는 인식이 부족하다는 것이다. 융합기술 개발을 위한 기초연구에 대한 투자확대를 국가 아젠다로 확립해야 할 이유가 여기에 있다.

이 강연은 2012년 6월 4일에 열렸다. 정길생은 1941년 경남 산청에서 태어났고, 교토대학교에서 가축번식 박사학위를 받았다. 1973년부터 건국대학교 교수로 재직하며 건국대학교 총장(2002~2006), 제6대 한국과학기술한림원 원장(2010~2013)을 역임했다. 2011년부터 건국대학교 동물생명공학과 석좌교수로 봉직하고 있는 동물생명공학 분야의 개척자이다. 그는 한국 과학기술계의 국제경쟁력을 진단하고, 국가의 과학기술 진흥을 위한 다양한 정책적 과제를 제시했다. 그가 제시한 과제들은 현 정부에도 여전히 유효하다.

11장

충무공 이순신의 리더십

- 전 헌법재판소 재판관 김종대

김종대 전 재판관은 30년 판관의 소임을 마무리하면서 '충무공 이순신'으로 화룡정점(畵龍點睛)했다는 점에서 지극히 행복한 사람이다. 2002년부터 시작한 '이순신 공부'가 결실을 맺어 퇴임하던 당시 자신의 저서『이순신, 신은 이미 준비를 마치었나이다』네 번째 개정판을 냈기 때문이다.

충무공과의 만남

김 재판관은 충무공 탄신일을 하루 앞둔 2012년 4월 27일 헌법재판소 백송아카데미에서 열린 출판기념회 겸 특강에서 뵌 적이 있었다.

그러다 2012년 9월 24일 한국안보문제연구소(이사장 김희상)의 KINSA 아카데미에서 다시 만나게 되었다. 강연에 앞서 저녁을 함께 하며 책 밖의 이순신과 왜란의 여러 야사로 이야기꽃을 피운 후, 조촐한 인원과 함께 수강을 위해 마주하니 '이순신 공부' 따라하는 분위기가 한결 정겨웠다.

김 재판관은 이미 '이순신 전도사'로 널리 알려진 분이다. 퇴임 후에도 충무공 사상과 정신을 청소년들에게 알기 쉽게 전파하는 일에 매진하겠다는 의지가 대단했다. 그에게 충무공은 공직 생활 내내 정신적 지주가 된 듯싶다. 언뜻 판관(判官)인 그가 무인(武人) 충무공과 어울릴 것 같지 않아 보인다. 하지만 공인의 사표(師表)인 충무공의 애민애국(愛民愛國) 정신은 종사하는 영역을 떠나 공통의 가치로 추구될 수 있다는 점에서 그의 '이순신 공부'가 이해된다.

김 재판관은 충무공 정신이 우리 사회의 혼란과 곤경을 극복하는 실효적 약재가 될 것으로 믿는다. 그가 오랫동안 '이순신 공부'에 천착한 이유가 여기에 있다. 김 전 재판관은 노산 이은상 선생이 저술한 『이충무공의 생애와 사상』을 접하면서 이순신의 궤적을 추적하기 시작했다. 이후 이은상 선생이 완역한 『이충무공전서』를 비롯한 충무공 관련 각종 문헌 자료를 통해 이순신의 정신과 리더십을 배우게 된다.

이순신은 필자의 청소년 성장기에 유달리 큰 영향을 준 분이기도 하다. 이순신 장군의 묘소가 있는 충남 아산시 음봉면 어라산은 필자가 다니던 초등학교 뒷산이었는데 셋째 아드님 이면 공 묘소가 있는 현충사와 함께 어린 시절 단골 소풍지이기도 했다. 초등학생 때는 '충무유년대'로 활동했고, 고교시절엔 학도호국단의 간부들과 함께 현충사 옆 충무수련원에 입소하여 충무공 정신을 집중적으로 배우는 등 학창시절 내내 충무공의 생애와 정신을 지속적으로 접할 수 있었다.

게다가 영광스럽게도 충무공의 탄신일(4월 28일)과 생일이 같고 학창기 학습의 영향으로 이순신을 정신적 지주로 삼아 온 터라 김종대 재판관의 두 번의 특강 수강은 오랫동안 잊고 지낸 충무공의 구체적이고 전문적인 기록물과 다시 해후할 수 있는 좋은 기회가 되었다. '이순신 공부'를 제대로 다시 시작하게 해준 점에 대해 감사한다.

이순신 리더십의 네 가지 원천

김 재판관이 통찰해낸 이순신 리더십의 원천이 된 가치를 압축하면 4가지이다. 정성(誠)과 사랑(愛), 자력(自力)과 정의(正義)이다. 먼저 정성이 어떻게 그의 공인으로서의 삶에 투영되고 어떤 리더십을 발휘하게 했는지 그 사례를 보자.

정성스러움은 한마디로 "일이 있기 전에 철저히 준비하고, 일이 있을 때에는 목숨을 걸고 그 일에 전심전력하는 것으로, 일이 끝나면 결과를 그냥 담담히 받아들이는 것"으로 나타난다. 이순신은 전

라좌수사로 부임하여 1년 2개월여 동안 왜란을 예측하고 철저하게 대비했다.

군사의 조련과 거북선의 창제와 함선의 건조, 군량미의 확보, 주변의 물길과 지형지세의 치밀한 조사 등 철저한 사전 준비는 그가 실전에서 23전 23승을 일구는 토대가 된다. 당시 당파싸움에 여념이 없던 조정과 군사 대비 태세가 붕괴되었던 육군, 수군의 상황과 극명하게 대비된다.

이순신은 일을 당해서는 목숨을 걸고 전심전력을 다했다. 명량해전에 앞서 조선 수군 폐지론이 나올 때, "아직도 신에게는 12척의 전선이 있습니다(今臣戰船 尙有十二). 죽을 힘을 다해 막아 싸우면 아직도 할 수 있습니다. 전선이야 비록 적지만 신이 죽지 않았으니 적이 감히 우리를 업신여기지 못할 것입니다."라고 호소했던 것이 이런 정신자세를 대변한다. 나아가 "죽으려 하면 살고 살려고 하면 죽을 것이다(死則生 生則死). 너희 여러 장수는 오늘 살려는 생각을 하지 마라."는 비장의 독려로 13척의 배로 133척을 물리친 명량해전의 기적도 만들 수 있었다.

이순신은 최선을 다해 진력하되 그 결과에 대해선 괘념치 않았다. 명량해전의 승전을 "오직 하늘이 도운 것이다."라며 결과에 초연하여 담담해 했다. 최선을 다한다면 그 결과가 자신에게 이로운 결과

이든 해로운 결과이든 연연하지 않았던 것이다. 이순신이 두 차례 백의종군을 겪으면서도 임금 선조에 대한 불평을 하지 않았던 점은 스스로의 행동에 정성을 다하는 가치관이 반영된 것으로 보아야 할 것이다.

이순신의 또 다른 핵심 가치관은 사랑(愛)이다. 국가, 국토, 백성, 가족, 부하 장졸에 대한 절절한 사랑이 충무공의 삶 전체를 관통하고 있다고 김 재판관은 강조한다. 이순신이 구국제민(救國濟民)의 목표를 세워 무관의 길에 나선 것도 바로 사랑의 실천이라고 본다.

이순신은 부모에 대한 효심이 깊었고, 의지할 데 없는 조카들을 친자식처럼 보살폈다. 정읍현감으로 부임해선 주변의 오해를 두려워하지 않고 오갈 데 없는 형의 식솔 등 20여명을 함께 이주시켜 부양했던 점도 백성 사랑, 나라 사랑으로 확대될 수 있는 지극한 가족 사랑의 실천이었다는 것이다.

세 번째, 충무공의 자력(自力)정신은 자주자립(自主自立) 같은 주인의식에서 나온다. 김 재판관은 이순신이 남의 힘을 빌리지 않고 자신의 신념에 찬 행동을 한 여러 사례를 소개한다. 유성룡이 당시 이조판서로서 덕수 이씨 문중의 조카뻘이 되는 이율곡을 만나보라 권했을 때 율곡이 인사권을 갖고 있을 때 만나는 것은 부적절하다며 거절한 사례가 대표적이다.

이순신은 자신이 곤경에 처했을 때나, 절박한 상황에서도 자신의 힘으로 일어서려 했다. 거북선을 창제하고 전쟁준비를 할 때에도, 삼도수군통제사가 되어 조정의 도움 없이 군비를 확충할 때에도, 원균이 전멸시킨 수군을 재건할 때에도 자력의 정신으로 성공시킬 수 있었다. 그는 "자력으로 얻지 않은 것은 결국 남의 것이 되고 만다."는 철학을 가졌다는 것이다. 이런 자력정신은 조선이 스스로의 힘으로 국방을 달성하지 못하면 외세에 의존할 수밖에 없다는 생각으로 연결되었다고 볼 수 있다. 자주 국방에 대한 이순신의 철학을 가늠할 수 있는 대목이다.

네 번째, 이순신 리더십의 원천은 정의(正義)이다. 이순신은 부정, 불의와 타협하지 않았다. 옳고 바른 길이면 좌고우면(左顧右眄)하지 않고 꿋꿋하게 외길을 걸었다. 정의의 원칙에 어긋날 때, 그는 어떠한 권력에도 굴하지 않았다. 김 재판관은 이순신의 이런 정의관이 불패의 정신적 바탕이 되었다고 본다. 김 재판관은 이순신의 정의관에는 "정의를 바탕으로 성공해야 무너지지 않는다."는 인식이 깔려 있다고 말한다. 이순신이 불멸의 영웅이 될 수 있었던 이유는 바로 그의 리더십이 정의에 든든하게 기초하고 있기 때문이라는 것이다.

이순신의 선공후사 정신

아울러 김 재판관은 이순신이 뒷일을 걱정하지 않고 오로지 자신이 옳다고 생각한 것들을 실천해 낸 다양한 사례를 소개해 준다. 이순신은 발포만호 시절 직속상관인 수사가 거문고를 만든다고 진영 내 오동나무를 베려 할 때 "공물을 사사로이 처분할 수 없다."며 거절했다. 또 정여립 사건에 연루된 조대중의 압수물품에서 이순신의 안부 편지가 발견되었을 때, 친구인 금오랑이 이를 빼주겠다고 제의하자 "공물을 사적으로 처분하는 것은 옳지 못하다."며 역시 단호하게 거절했다.

이는 철저한 선공후사(先公後私)의 자세이다. 자신도 국사범(國事犯)으로 몰릴 수 있는 처지에서 스스로 부끄러움이 없기에 훗날 어떤 모함을 당할지도 모를 상황에서도 선공후사의 정신을 떳떳하게 실천할 수 있었던 것이다. 보통 사람으로서는 그리 하기 쉽지 않은 일임에 틀림없다.

선공후사는 자신의 이익을 추구하는 사심(私心)을 버릴 때 가능하다. 이순신은 전투에 임하여 전공(戰功)을 먼저 생각하지 않았다. 당시는 적의 수급(首級)의 수로 전공의 우열을 가리던 상수공법(上首攻法)이 시행되었다. 이에 원균과 수하 장졸은 전공을 인정받기 위해 전

투보다 적의 수급을 취하는 데 더 열중했다. 하지만 이순신은 "나는 적을 죽이기만 하면 비록 목을 베지 못하더라도 힘써 싸운 자를 제일의 공로자로 인정하겠다. 너희들의 용전 여부는 내가 직접 보고 있지 않은가?"라고 강조했다.

이렇듯 정성과 사랑, 자력과 정의의 가치관과 선공후사의 자세가 이순신의 삶을 관통했다는 것은 노산 이은상 선생의 표현대로 그가 '내면의 수양이 깊은 정돈된 인격자'였음을 말해준다는 것이다.

김 재판관은 이 네 가지의 확고부동한 절대가치가 합일(合一)되어 이순신의 인격을 만들었고, 상승(常勝)의 리더십의 원천이 되었다고 강조한다. 김 재판관은 이순신을 완벽한 인물이라고 말한다. 수기(修己)를 바탕으로 정돈된 인격을 갖춘 허점을 찾을 수 없는 성자요 군자라 극찬한다. 흠을 잡기 위해 노력해 보기도 했지만 허물을 찾을 수 없었다는 것이다.

또한 나라와 백성을 먼저 생각하는 공직자의 기본적인 가치와 덕목에 충실했다는 점에서 공직자의 사표(師表)임을 강조한다. 나아가 가장 성공한 지도자로 꼽는다. 최악의 조건 속에서 구국의 목표를 달성했기 때문이다. 그는 절체절명의 순간에 처한 조선을 구하기 위해 하늘이 준비해 준 걸출한 영웅임에 틀림없다. 우리 역사에 크나큰 행운이 아닐 수 없다.

김 재판관은 이순신이 확고한 가치관을 갖고 구국의 대업을 완수할 수 있었던 데에는 보이지 않는 가르침과 도움이 큰 힘이 되었다고 말한다. 자식보다 나라를 먼저 걱정하던 이순신의 어머니야말로 도량을 갖춘 훌륭한 분이었다는 것이다. 이순신의 어머니는 자식이 부모 걱정을 하면서 소임을 그르칠세라 당신의 거처를 최전방의 수군 진영이 있는 전라도 남해안으로 옮기고 수시로 이순신에게 선공후사의 정신을 당부하며 가르쳤다. 실로 예사롭지 않은 분임을 알 수 있다.

이순신을 만든 또 한 사람의 거목은 서애 유성룡이었다. 전란 중 그는 영의정의 위치에서 사직의 보존과 전쟁의 수행은 물론 백성을 위무하는 중책을 성공적으로 수행한 탁월한 지도자였다.

유성룡이 왜란이 있기 불과 1년여 전 이순신을 전라좌수사로 파격적으로 발탁하여 전쟁에 대비하지 않았더라면 과연 조선이 온전할 수 있었을까? 장재(將材)를 알아 본 그의 뛰어난 안목과 지속적인 후원이 없었다면 이순신이 아무리 출중한 재주와 역량을 갖추었어도 당파싸움의 희생양이 되어 스러져버렸을지 모른다. 전란 와중에도 끊임없이 크고 작은 모함을 받았고 파직과 백의종군을 거듭 겪지 않았던가?

김 재판관은 일각에서 제기하는 이순신 자살설이나 은둔설을 "터무니없는 이야기"라며 일축한다. 평생 나라를 먼저 생각하고 자신의 후일에 연연하지 않았던 이순신의 정돈된 인격과 일관된 행동, 조선을 침탈한 왜선을 단 한 척도 돌려보내지 않겠다며 마지막 노량해전에서 맹렬하게 전투하던 그의 애국적 적개심, 적탄에 맞아 숨을 거두면서도 자신의 죽음을 알리지 말라며 전승을 염원하던 집념에 비추어 볼 때, 자살설이나 은둔설은 허무맹랑한 가설이며 이순신의 장렬한 최후를 욕되게 하는 것일 뿐이라 강조한다. 여러 문헌과 당시의 정황, 특히 이순신의 인품과 사생관(死生觀)에 비추어 볼 때 김 재판관의 판단이 합리적이라 생각된다.

이순신이 오늘날 우리 사회에 주는 의미는 무엇일까? 이순신은 선공후사의 리더십, 창의성과 개척정신, 어떤 역경도 극복해 내는 신념과 용기, 솔선수범하고 책임을 완수하는 청렴한 공직자의 모습을 실천했다.

이런 덕목은 전쟁의 와중에 있던 400년 전에도, 민족이 분단되어 이념적 대립이 가시지 않고 사회 경제적 위기에 처해있는 지금도 똑같이 절실히 요구된다. 김 재판관이 이순신을 '우리 민족의 참스승'이라며 이 땅의 사회지도층과 젊은이들에게 인생의 본보기로 삼을 것을 권하는 이유가 여기에 있다. "충무공 정신을 약재로 복용한다면 양극화로 분열되고 갈등하는 우리 사회가 치유될 수 있으리라."

는 그의 믿음이 헛되지 않기를 희망해 본다.

이 강연은 2012년 9월 24일에 열렸다. 김종대는 1948년 경남 창녕에서 태어났고, 서울대학교 법학과를 졸업했다. 1974년 공군 법무관을 시작으로 부산지방법원 및 부산고등법원의 부장판사, 창원지방법원 법원장(2005), 헌법재판소 재판관(2006~2012)을 역임했다. 2013년부터 시원공익재단 이사장으로 봉직하고 있다. 2002년부터 시작한 '이순신 공부'에 푹 빠져 있으며, 이순신의 애국충정의 정신과 탁월한 리더십의 요체를 전파하는 전도사 역할을 하고 있다.

〈대한민국 정체성 총서〉 기획위원

자유북한방송 대표 **김성민**
한국자유연합 대표 **김성욱**
전 월간조선 기자 **이동욱**
변호사 **이인철**
대한민국 정체성 총서 기획팀장 **홍훈표**

11인 지성들의 대한민국 진단

펴낸날 **초판 1쇄 2014년 8월 15일**

지은이 **박경귀**
펴낸이 **김광숙**
펴낸곳 **백년동안**
출판등록 **2014년 3월 25일 제406-2014-000031호**

주소 **경기도 파주시 광인사길 30**
전화 **031-941-8988**
팩스 **070-8884-8988**
이메일 **on100years@gmail.com**

ISBN 979-11-952638-3-7 04300

※ 값은 뒤표지에 있습니다.
※ 잘못 만들어진 책은 구입하신 서점에서 바꾸어 드립니다.

이 도서의 국립중앙도서관 출판시도서목록(CIP)은 서지정보유통지원시스템 홈페이지(http://seoji.nl.go.kr)와 국가자료공동목록시스템(http://www.nl.go.kr/kolisnet)에서 이용하실 수 있습니다.(CIP제어번호: CIP2014023005)

책임편집 **홍훈표**